刘润——著

A Global Quest
Exploring Business
and Beyond

问道全球 ❶

机械工业出版社
CHINA MACHINE PRESS

图书在版编目（CIP）数据

问道全球 . 1 / 刘润著 . -- 北京：机械工业出版社，
2025.10（2025.11 重印）. -- ISBN 978-7-111-79210-9

I. C913

中国国家版本馆 CIP 数据核字第 20252J4X36 号

机械工业出版社（北京市百万庄大街 22 号　邮政编码 100037）
策划编辑：刘　静　　　　　　　　责任编辑：刘　静　赵　涵
责任校对：赵玉鑫　张雨霏　景　飞　责任印制：刘　媛
三河市宏达印刷有限公司印刷
2025 年 11 月第 1 版第 3 次印刷
147mm×210mm・11 印张・3 插页・198 千字
标准书号：ISBN 978-7-111-79210-9
定价：79.00 元

电话服务　　　　　　　　　　　网络服务
客服电话：010-88361066　　　　机　工　官　网：www.cmpbook.com
　　　　　010-88379833　　　　机　工　官　博：weibo.com/cmp1952
　　　　　010-68326294　　　　金　书　网：www.golden-book.com
封底无防伪标均为盗版　　　　　机工教育服务网：www.cmpedu.com

前言

一个人的成就,大不过他的梦想;一个人的梦想,大不过他的所见所闻。

2024 年,我们重新启动了暂停了 4 年的"问道全球"。1 月份,我们去了中东[沙特阿拉伯、阿拉伯联合酋长国(简称阿联酋)],探访这些以石油为生的国家如何用新能源革自己的命。6 月份,我们去了日本,考察在超级老龄化社会中有哪些"学霸"的答卷可以借鉴。9 月份,我们先去了美国,了解人工智能的最前端有哪些技术"从天上掉下来",又有哪些应用"从地上长出来";接着去了墨西哥,看美国的"近岸外包"如何影响中国的制造业。12月份，我们去了越南、印度尼西亚，亲身感受中国供应链溢出的地方发生着怎样的故事。

商业世界就像海洋，全世界的海洋虽是一个整体，但每个国家又像一片海湾，有自己的潮起潮落。全世界的大海彼此相连，共享许多底层逻辑，但具体到每一片海湾，却又是那么不同。

每个国家的生意都不一样，它们的独特性在哪里？

在那些我们肉眼看不到的地方，正在孕育着哪些新的增长？

这些新的增长又会给我们带来哪些新的机会？

全球化浪潮中蕴藏着哪些新的产业趋势？

去到实地，去到现场，我们才真正找到了这些问题的答案。

每次问道全球，我都把自己当成一块海绵，扔进当地的知识海湾中，疯狂地吸水。每天晚上回到酒店，我再把这一天的参访、学习、请教，总结成文章。很多朋友都说，特别喜欢这个系列，每一篇都会看。特别感谢大家，正是你们的支持，才给了我持续输出的动力。

虽然任何个人感悟都避免不了管中窥豹、盲人摸象的嫌疑，但如果这些思考能给你一丝一毫的启发，我将无比开心。

问道全球，不仅是为了看见世界，更是为了看见自己。愿我们在这片广阔的商业海洋中，找到属于自己的潮汐与方向。你更要相信，不管出海之路如何泥泞坑洼，在那有一丝亮光的尽头，我们的所有努力最终总会花开。

目录

前言

第一站　问道中东　　　　　　　　　　001

变革中的沙特阿拉伯　　　　　　　　　002
没有本土化，就没有全球化　　　　　　011
深刻理解每个地方的独特性　　　　　　019
在近处，你的眼中才有人　　　　　　　022

第二站　问道日本　　　　　　　　　　027

去日本，看看中国明天可能面临的问题　028

在老龄化社会中寻找机会	032
唐吉诃德：线下版的拼多多	037
内卷的尽头，是"不一样"	044
东京迪士尼："收门票的购物中心"	051
一边迎接老龄化，一边拥抱未来	059
有尊严地老去，无价	064
请带"好奇之眼"，不要带"偏见之镜"	073

第三站　问道美国西部　　　　　　　　087

理解"不同"，才能共赢	088
熊熊燃烧的硅谷	095
认识OpenAI，认识AI	105
今天的VR，需要真正的杀手级应用	112
在硅谷，创业是一种生活方式	118
再别硅谷	122

第四站　问道墨西哥　　　　　　　　　131

安全是到墨西哥的第一课	132
风浪越大，鱼越贵	135
国人聚在一起不怕难	140
蒙特雷会成为下一个东莞吗	153
拓荒的中国勇士们，你们辛苦了	163

第五站　问道越南　　　　　　　　　　171

在越南，我仿佛穿越回 20 年前　　　　　172
出海越南，是"过河"还是"耕田"　　　182
全球供应链重构中盛开的花朵　　　　　194
不断尝试的中国企业　　　　　　　　　201
越南也护犊子　　　　　　　　　　　　207

第六站　问道印度尼西亚　　　　　215

对未来有信心，或许一切就会欣欣向荣　216
丰田来 40 多年了，你呢　　　　　　　226
扎根当地，才能赢得尊重、赚得长久　　232

第七站　问道美国东部　　　　　　243

硅谷人"改变世界"，波士顿人"拯救世界"　244
教育是激发创造力的关键　　　　　　　256
创新是用现在的碎片拼出明天的图景　　270
对抗不是目的，而是前进的动力　　　　281
在纽约，我看到了川流不息的金钱　　　296
创业者的多元突围　　　　　　　　　　307
寻找属于自己的机会　　　　　　　　　318

回到国内　中国的大航海时代才刚刚开始 　　323

历史不会重复，但会押韵 　　324
去到现场，才会看到答案 　　327
钱不在地上，钱在山上 　　329
平视世界，才能看到不同 　　334
永远相信这个世界还有善意 　　336
欢迎加入中国的大航海时代 　　338

第一站

问道中东

01

变革中的沙特阿拉伯

2024年1月20日,我早上6点从上海浦东机场出发,一直飞行到北京时间晚上11点,终于抵达了沙特阿拉伯的吉达,中东参访调研之旅由此正式开启。

在沙特阿拉伯的第一天上午,我和"问道全球"的团队成员们一起参访了当地的一家大型私营集团内斯玛(Nesma & Partners)。下午,我们与华为、中远海运、工商银行、葛洲坝集团等中资企业驻当地的最高负责人交流,深入了解当地的营商环境。第二天,我们听石油化工企业沙特阿美(Saudi Aramco)一路走来的发展历程,听中国工厂的"吐槽大会"。短短两天,收获颇丰。

沙特阿拉伯人非常友善

我们的向导姓黄,是宁夏人,在沙特阿拉伯生活了很久,他说,沙特阿拉伯人非常友善。他经常不小心把手机弄丢了,每次都能找回来，有一次，捡到他手机的那位沙特阿拉伯人，为了还他手机在原地等了他整整一个小时。

一位中资企业负责人的遭遇也验证了这一点。有一次，他在沙漠里开车，车轮陷进了沙子里，怎么都出不来，正好十几个沙特阿拉伯人路过，热心地帮他抬车。他非常感激，想给他们一些钱表达谢意，但对方坚决不要，因为他们认为，能帮到别人，对自己也是一种福报。

当地税费非常优惠，但对企业有"沙化"要求

沙特阿拉伯的企业所得税税率为20%，适用于大多数企业，但是，沙特阿拉伯的本土企业，也就是由沙特阿拉伯人设立的公司，是不需要缴纳企业所得税的，只需要缴纳一种名为"天课税"的宗教税，税率为应税收入的2.5%。这部分税收将用于帮助穷人。沙特阿拉伯的个人所得税就更低了，是零！

看到这里，你是不是会感慨：这个国家也太有钱了吧，竟然连收税都不稀罕。

不过，沙特阿拉伯对企业有沙特本地化（"沙化"）的要求。所谓"沙化"，就是一家企业必须雇用一定比例的沙特阿拉伯员工。具体的沙化率根据行业的不同有所差异，比如沙

特阿拉伯对银行的沙化率要求很高,这既是为了提高本地就业率,也是为了培养更多的本地金融人才。

不勤奋的背面不是懒惰

因为有"沙化"政策,沙特阿拉伯的外资企业中有很多沙特阿拉伯本地人,但这些本地人并不"好用"。

我们参访的中资企业的负责人纷纷表示,沙特阿拉伯人一点儿也不勤奋。但是,你会感觉到,他们并不是懒,而是懂得享受生活。只要有时间,他们就会去烧烤、冲沙、骑骆驼,尽情地享受生活。

沙特阿拉伯正在"改革开放"

沙特阿拉伯的学校通常教三门语言:阿拉伯语、英语和汉语。沙特阿拉伯人之所以重视汉语,是因为中国有太多可以学习的东西了,学汉语能更好地向中国人学习。在阿拉伯国家,流传着一句古老的谚语:求知,哪怕远在中国。

为什么要向外学习?因为沙特阿拉伯人正在"改革开放"。他们为自己的"改革开放"制订了一个宏伟的计划,叫作"2030愿景"。这个计划包括三大愿景:成为阿拉伯和伊斯兰世界的心脏;成为全球投资强国;成为连接亚洲、非洲、欧洲三大洲的枢纽。这三个愿景要求他们必须拥抱更多国家,甚至"世俗化"。

原来，在沙特阿拉伯的路上有很多宗教警察，检查人们的穿着和行为有没有严格遵守伊斯兰教教义。但现在，宗教警察比以前少了很多。沙特阿拉伯人意识到，想要"改革开放"，必须拥抱全球文化。比如，尊重女性。在很长一段时间里，沙特阿拉伯的女性是不允许开车的，现在可以了；以前，沙特阿拉伯的女性很少工作，就连女性内衣店的服务员都是男性，而现在，女性也获得了工作机会。

但是，无论如何"世俗化"，喝酒仍然是被禁止的，因为这不符合伊斯兰教教义。这意味着，在沙特阿拉伯，靠喝酒拿订单这一招是行不通的。沙特阿拉伯人不在酒桌上称兄道弟，只以合同论英雄。他们非常重视合同，如果你和他们合作，小到一个螺丝的规格，都必须在合同中用大段的篇幅详细描述。写在合同里的条款必须做到。如果你随便拿个差不多的螺丝来用，哪怕这种螺丝的价格更贵，他们也不会接受，依然会认定你违约。

沙特阿拉伯正在大力发展新能源

20世纪30年代，沙特阿拉伯王国刚刚成立不久，国家财政状况比较紧张。为了增加财政收入，沙特阿拉伯与美国加州标准石油公司（现为雪佛龙公司）成立了合资公司，共同开发石油资源。几经勘探，1938年，这家公司终于在达曼7号井成功发现商业量级的石油。从此，沙特阿拉伯命运的齿轮开始转动，泼天的财富从天而降。这之后，沙特阿拉伯政府逐步收购合资公司的股份，推动石油产业的国有化。到1980年，沙特阿拉伯政府完成了对合资公司的全面收购，并于1988年将其改名为沙特阿拉伯国家石油公司（Saudi Arabian Oil Company），简称沙特阿美。

今天的沙特阿美，拥有全球最大的陆上油田加瓦尔油田和全球最大的海上油田萨法尼亚油田，是全世界最会赚钱的公司之一。根据沙特阿美发布的2023年全年财务报告，其在2023年实现了1213亿美元的净利润。沙特阿美的市值一度高居全球第一，直到最近几年，才被苹果公司、微软公司等高科技公司超越。

很多人都说，石油没有未来，化石能源正在被新能源取代。沙特阿拉伯人当然不认同这种说法，在他们看来，就算所有燃油汽车都换成了新能源汽车，人类的生活仍然离不开石油，比如，石油可以做成化纤等石化产品。

尽管如此，沙特阿拉伯也没有躺在石油上坐吃山空，而是想方设法地开发其他资源，比如黄金。2024年1月，沙特阿拉伯国家矿业公司就在麦加地区南部发现了一个储量惊人的超级金矿。

再比如，新能源。让别人用新能源取代我？那不如我自己用新能源取代自己。因为除了石油、黄金之外，沙特阿拉伯还有更重要的资源——阳光。沙特阿拉伯的一些沙漠，每年有好几个月的时间气温超过40℃，有时甚至会超过50℃。高温的沙漠不适合居住，但是特别适合发展太阳能，于是，沙特阿拉伯就在这些区域建设了大量的太阳能发电站。截至2023年，这些太阳能发电站的累计装机量为2.3 GW（1 GW = 1 000 000 kW），沙特阿拉伯的目标是到2030年，将太阳能发电站的累计装机量提升到40GW及以上，这意味着其在太阳能领域还有巨大的潜力可供挖掘。

沙特阿拉伯人的办事效率太低

充足的阳光可以用于发电，所以，沙特阿拉伯的电非常便宜。于是，很多企业到沙特阿拉伯来建设耗电量巨大、被称为"电老虎"的云计算中心。

沙特阿拉伯政府欢迎投资，但是，前来投资的客户却对沙特阿拉伯政府的办事效率有些不满意，比如张总。

张总是中国一家食品公司的老板，他的企业年产6万吨食品，是行业中的头部公司。张总的很多客户都在中东，但最近几年，中东的食品厂崛起，竞争越来越激烈。为了应对竞争，2021年，张总决定到沙特阿拉伯的吉达办厂。

一说起在沙特阿拉伯办厂的体验,张总就开始了他的"吐槽大会":沙特阿拉伯政府在招商引资时,答应对进口的设备和原材料全部免税,这本来是一件好事,但是,申请免税的过程简直是噩梦。比如,沙特阿拉伯政府要求张总的食品厂证明自己采购的原材料是沙特阿拉伯本国所不生产的,张总只好找原产地企业开证明。好不容易开好证明,提交了材料,接下来是却漫长的等待。一个月过去了,终于有消息了——要求提供别的材料。于是,张总他们又提交了新的材料,满心期待这次能审批通过,谁知道,一个月后,对方又要更多材料。最后,在中国商务参赞的介入下,申请才终于获批。

张总说,不光沙特阿拉伯政府的办事效率低,沙特阿拉伯本地员工的工作效率也很低。沙特阿拉伯要求食品行业的沙化率必须达到30%,因此,他的工厂招聘了很多沙特阿拉伯员工。这些员工经常串岗,每天礼拜好几次,一天8小时的劳动时间,大约只有2小时是在干活。而且,你说话稍微重一些,他们就到劳工部告状。但就算他们的效率再低,工厂也不能裁掉他们,因为需要靠他们换取其他的招工名额。

沙特阿拉伯吉达华商会的王会长说,不要抱怨了,原来效率更低。他在沙特阿拉伯已经待了20多年了,以前去政府部门办事,全是用纸笔办公,直到这两年,才逐渐变成数字化办公。原来入境沙特阿拉伯,排队过海关要好几个小时,现在只要十几分钟。如果要和中国比效率,全世界没有任何一个国家可以比。

效率低还不算什么,张总继续吐槽,基础设施不完善才是硬伤。

工业园区没有自来水,这在中国是无法想象的,但是,这在沙特阿拉伯却是活生生的现实。张总的食品厂每天要消耗几百吨水,为了满足生产需要,员工每天要用水车运送几十车水。沙特阿拉伯的水是海水淡化来的,含盐量高,食品加工设备常因此生锈,冷凝器都被锈穿了。

除了没有自来水,工业园区管委会还不允许工人在工厂里居住、做饭,这大大提高了张总的办厂成本。当然,影响办厂成本的不止这些,还有政府高昂的行政收费。比如,沙特阿拉伯政府要求企业为每位外籍工人缴纳 9800 沙特里亚尔(近 2 万元人民币)/ 年的工作许可费用,如果将员工的职业从服务员改为工人,还要再交 1300 沙特里亚尔。

出海,不是要看问题,而是要看机遇

听上去,到沙特阿拉伯办厂很受折磨,那为什么还有这么多企业前赴后继地来到沙特阿拉伯呢?因为能赚钱。

张总说了他在沙特阿拉伯办厂的四个原因。第一，他的公司在生产过程中必须用到的食品原料，在国内的价格是每吨1万元人民币，而在海外采购只需要每吨3500元人民币（约合500美元）。第二，其产品从中国运到也门客户那里，每个集装箱的费用是6000美元，而从沙特阿拉伯吉达开车送过去，运输费用不到2000美元。第三，沙特里亚尔与美元兑换实行固定汇率制，没有汇率风险；而且，沙特阿拉伯没有外汇管制，允许自由兑换货币和资本流动，企业的资金进出较为方便。第四，沙特阿拉伯的企业所得税税率为20%，个人所得税是零。整体税负为20%，相比中国的税负要低。基于这几个原因，张总的食品厂在国内原本亏损得越来越多，到沙特阿拉伯"卷"中东的食品厂之后，反而开始赚钱了，虽然这钱赚得并不舒服。

王会长说，出海，就是要看机遇，而不是看问题。什么都好，那还有什么机会呢？现在的沙特阿拉伯，一片欣欣向荣。

说得真好。那什么地方有机遇呢？

王会长说，符合以下三点，可能更适合在沙特阿拉伯办厂。第一，你的产品在中东的市场规模巨大。第二，你的产品从中国到中东的运费很高。第三，沙特阿拉伯有你生产用的原材料。

比如，瓷砖厂就很适合到沙特阿拉伯发展。沙特阿拉伯正在大搞建设，对瓷砖的需求量巨大，市场广阔。瓷砖很重，从中国运过来费用很高。而且，沙特阿拉伯有生产瓷砖的原材料。所以，一家瓷砖厂在沙特阿拉伯办厂，很快就能赚到钱。

这就是我所了解的沙特阿拉伯。投资一个地方，一定要理解那个地方。出海，不是为了改变对方，而是为了融入对方，但这一切的前提，是了解对方。希望我的分享能帮你更深入地了解沙特阿拉伯。

没有本土化，就没有全球化

离开沙特阿拉伯之后，我和"问道全球"参访团飞抵阿联酋第一大城市迪拜。我们深入沙漠，现场参观了迪拜太阳能公园五期项目；回到市区，参访了华为中东中亚总部；去了著名的棕榈岛和帆船酒店，体验当地文化。在迪拜的时间很短，我不敢说有什么深刻的洞察，只有一些零零星星的感受，斗胆与你分享。

迪拜正在用新能源革自己的命

从迪拜出发，开车一个小时就进入了沙漠深处的迪拜太阳能公园五期项目。所谓太阳能公园，就是在大约10平方公里的沙漠里,铺设几百万块太阳能电池板,源源不断地把太阳能转化为电能。

我很震惊:几百万块?我的天啊,这得转化为多少电能?

答案是 22 亿度电。你可能对这个数字没有什么概念,举个简单的例子,这些电能一年能为约 27 万户家庭提供清洁的电力,并减少 100 多万吨二氧化碳排放。

如果你也在现场,或许会和我一样,只有一种感觉:叹为观止!

那么,这么牛的项目,是谁建的呢?没错,是我们中国人。

这个项目的建设很不容易。上海电气集团在当地的负责人分享说,这个项目是在新冠疫情期间建设的,遭遇了难以想象的困难。比如,航班各种熔断,一张机票卖到 10 万元,人员来往极其不便。再比如,遭遇奇特地质环境,后来调用了一种全球只有两台的特种挖掘机,一天也只能挖一米。

但历经千辛万苦,这个项目还是准时完工了,而且,整个项目的度电成本只有 1.69 美分。说中国是"基建狂魔",一点儿也不假。

从太阳能公园返回迪拜的路上,我看到一根"金箍棒"插在沙漠里,闪闪发光。我有一种直觉:这根"金箍棒"也和上海电气集团有关系。于是，我把照片发给那位负责人看。果不其然，这是上海电气集团承建的太阳能公园四期项目，是全球最大的聚光太阳能热发电（CSP）项目。"聚光太阳能热发电"，就是在地上放无数面镜子，把阳光反射到"金箍棒"的尖端，聚光发电。这真是让我大开眼界。

参观结束后，我有种强烈的感觉：迪拜在发展新能源方面真是下血本了。

可是，迪拜不是富得流油吗？为什么要用新能源革自己的命？

你可能误解迪拜了。一提起迪拜，很多人就会想起"土豪"，并且认为这里富豪多是因为石油资源丰富。其实，阿联酋的石油储量在中东国家中排名第五，低于沙特阿拉伯、伊朗、伊拉克和科威特，而迪拜的石油储量仅占阿联酋石油总储量的5%。所以，我们要改一改过去对迪拜的那种"头顶一块布，全球我最富"的石油土豪印象了。迪拜的崛起，的确离不开石油的功劳，但它并不完全依靠石油。石油只是迪拜的第一桶金。

旅游业是迪拜重要的经济支柱

迪拜的发展靠的是什么呢？

旅游业是迪拜重要的经济支柱。迪拜在沙漠里建起了一座奢华迷幻之城,这里有全球面积排名前十的迪拜购物中心,有七星级酒店帆船酒店,有让人惊叹的人工岛屿棕榈岛,有全球最高的建筑——高 828 米的哈利法塔……这些都吸引了大量的游客和投资人前往迪拜。

当然,哈利法塔可能在不久之后就不是全球最高的建筑了,因为沙特阿拉伯正在建一座高 1008 米的吉达塔。但迪拜怎么能眼睁睁地看着自己掉下第一的宝座呢?于是,迪拜把本来设计高度为 800 米的云溪塔不断加高,据说云溪塔的最终建成高度可能高达 1345 米。迪拜有种"当第二名会饿死"的精神,什么都想做第一。

迪拜旅游业的发达还得益于其独特的战略位置。如果你从迪拜起飞,可以在 8 小时之内到达全球三分之二的城市。说到这一点,我深有感触。我住在上海,乘飞机到全国大部分主要城市,都只用 2～3 小时,非常方便。

因为地理位置优越,迪拜致力于把自己发展为国际枢纽,为此,迪拜高度开放。即使是在新冠疫情期间,迪拜依然欢迎游客,并且为游客提供全方位的保障,比如,乘坐阿联酋航空的航班,可以获得免费保险;如果不小心感染了新冠病毒,可以获得为期 14 天的免费住宿。

因为开放,迪拜是一个外籍人口占比极高的城市。在迪拜的总人口中，只有10%左右是本国人，其他都是外国人。

这些外国人到迪拜做什么呢？网上曾经流传一句话："如果有一天我老无所依，请把我扔到迪拜捡垃圾。"这句话其实不太准确。迪拜很干净，没什么垃圾可捡。大部分外国人到迪拜是来打工的。在迪拜的巴基斯坦人、孟加拉人、缅甸人和尼泊尔人，大多是底层打工者；中间层白领有很多是印度人；高管和CEO则是欧美人居多。

还有一些人来迪拜是为了投资。迪拜投资活动一直非常活跃，在整个中东地区都是佼佼者。

阿联酋的税负低得离谱

那么，迪拜的投资环境怎样呢？

在沙特阿拉伯参访时，我们了解了"沙化率"这个概念，阿联酋对企业也有类似的政策，要求企业必须雇用一定比例的阿联酋人，我们暂时将其称为"阿化率"吧。不过，阿联酋的阿化率要求比沙特阿拉伯低多了。也许正因为此，迪拜才有近90%的外籍人口。不过，因为迪拜的本国人非常稀缺，有些公司为了达到阿化率，不得不到处"抢"本地人。

纳税是衡量投资环境的重要指标，阿联酋的税负很低。过去，阿联酋没有企业所得税，从2023年开始，阿联酋开始征收企业所得税，但对于应税收入不超过规定起征点的企业，税率为零；超过起征点的企业，税率仅为9%。对个人来说，在阿联酋的税负就更低了，没有房产税，没有遗产税，甚至没有个人所得税。

出海，建立对当地生意的认知是最重要的

正是因为迪拜的投资环境如此优越，才吸引了许多人到这里创业、投资。

你想到迪拜创业吗？如果你的答案是"想"，那我先给你出一道题：请问，在迪拜，如何经营外卖平台？

复制美团模式？迪拜最大的中餐外卖平台"拜托拜托"的创始人王月明说：不行。中国的餐饮是无限供给匹配无限需求，所以，经营外卖平台只需要"画圈"就好，把整个区域划分为一个个小圈，以圈里的餐饮服务圈里的用户。迪拜则完全不一样，迪拜的中餐厅几乎都集中在"国际城"这一个地方，客户却遍布全城，供给集中，需求分散，所以，必须从一个地方送达全城。

那怎么派送？用人？用哪里人送？你可能会说，用迪拜的本国人送，因为他们认路。这个方案不太可行，因为整个迪拜只有10%的本国人，他们不仅贵（每月薪水为3万～4万迪拉姆，约合6万～8万元人民币），而且还不太能干活。

与本国人相比，在迪拜打工的孟加拉人、尼泊尔人、印度人、巴基斯坦人是更好的选择。他们吃苦耐劳，兢兢业业，学会管理这些外籍打工者，是在迪拜创业的必修课。

接下来，怎么送？像中国一样用电瓶车送？这在迪拜也是行不通的，电瓶车用于短途交通非常便利，但全城配送就完全发挥不了作用了。在迪拜，外卖的平均配送距离是30公里，必须用长途运输工具，如摩托车、汽车，而且尽量要用汽车。因为阿联酋有斋月，那些送外卖的巴基斯坦人大多是穆斯林，斋月里，穆斯林从天亮到天黑都不能吃东西，在饥饿的身体状况下他们是不可能骑一天摩托车的，只能开汽车。很多外卖平台都没有想到这一点，于是斋月运力大减，导致客户弃它们而去，去其他平台下单了，有的平台因此倒闭。

王月明的分享让我深深地感受到，出海，建立对当地生意的认知是最重要的。

我很好奇，在迪拜经营外卖平台，会不会被用户吃霸王餐？

王月明告诉我，这种情况几乎不存在。有一位外卖员，因为特殊原因，送餐延误了2小时，客户对他破口大骂，但仍然把钱付了。当地的信用体系和社会规范对不诚信行为形成了有效约束。

阿联酋江苏商会的张会长给我讲了另一个故事。有一次，他的钱包不小心丢了,里面放了十几万迪拉姆。一个月收入只有 1000~2000 迪拉姆的外卖员捡到了他的钱包,这十几万迪拉姆相当于他近 10 年的工资,但他还是想方设法找到了张会长,物归原主。

所以,在迪拜,有很多你坐在国内想不到的问题,也有很多你想不到的好处。迪拜的生意经营模式和国内非常不一样。举个例子,在迪拜开超市是非常挣钱的,因为中国的商品便宜,迪拜的物价昂贵。迪拜有一个龙城(Dragon Mart),相当于迪拜的义乌小商品批发市场,这里造就了很多千万富翁甚至亿万富翁,因为在中国卖 2 元一瓶的水,这里能卖 20 元一瓶。从中国按 2 迪拉姆发货的三全水饺,这里卖 20 迪拉姆。于是,王月明决定从外卖行业进军超市行业。

可是,这并不容易,因为迪拜的商品供应链远不如中国成熟。在中国开超市,你一开门,各种商品的供应链就自动找上门了。但在迪拜,你卖帝王蟹,要自己去找帝王蟹供应链;你卖大闸蟹,要自己去找大闸蟹供应链。什么都要自己去找,真的很麻烦,但所有你能克服的麻烦,都是挡住别人的壁垒。

不过,麻烦的事情不仅是供应链不成熟,还有政府的办事效率低。

这个时候,你一定非常怀念中国,因为效率高。中国的很多城市都有政务大厅,你去办事,只需要一天就能搞定。而在迪拜，同样一件事，你可能花四五个月都办不成。阿联酋江苏商会的企业家告诉我们，国内两个月就能装修好的餐厅，在这里要花七八个月来装修。很多时候，免租期都过了，餐厅还没装修好。即使装修完了，还要再经过四五个月的审批。他们是在等你塞钱吗？不。他们大部分人不贪污，就是单纯的慢。

有趣的是，所有人在抱怨完后都忍不住总结说：但是，不管怎样，阿联酋都是非常好的市场，关键是要融入这个市场。

是的，只有融入当地，才有真正的机会。在迪拜的中国火锅都是清真的，无论是朝天门、九宫阁，还是刘一手、海底捞，都是清真火锅，非常好吃。

亚马逊、Uber等外资企业高调地来到中国，但最后都铩羽而归，我们笑它们不接地气、不理解中国。现在轮到我们出海了，我们必须牢记一句话：所谓全球化，就是企业在每个国家的本土化。

祝福每一位正在出海的创业者，都能真正地实现本土化。

深刻理解每个地方的独特性

在吉达和迪拜之后，"问道全球"参访团到了问道中东的最后一站——阿布扎比。

提起中东，很多人第一时间想起的是迪拜。有些人甚至误以为，迪拜是阿联酋的首都。其实，阿联酋是由7个酋长国组成的，分别是阿布扎比、迪拜、沙迦、哈伊马角、阿治曼、富查伊拉、乌姆盖万，其中真正的大哥是阿布扎比。

为什么说阿布扎比是大哥呢？从一组数字中就能找到原因。上一节讲到，迪拜的石油储量占阿联酋石油总储量的5%，而阿布扎比的石油储量占阿联酋石油总储量的90%。当初，迪拜建迪拜塔，说要把它建成世界第一高楼，没想到赶上了2008年金融危机，迪拜陷入经济困境，债务危机严重，没办法，只好找大哥帮忙，大哥叹了一口气，打了100亿美元，还不够，又打了100亿美元。迪拜塔完工后，迪拜将它改名为哈利法塔。哈利法是谁？是阿布扎比酋长的名字。所以，迪拜只是"富"，阿布扎比才是真的"豪"。

作为大哥，阿布扎比承担了更多国家转型的重任，比如发展人工智能（AI）。我们参访了位于阿布扎比的穆罕默德·本·扎耶德人工智能大学（MBZUAI），这是全球第一所人工智能大学。这所学校对学生真是好到超乎想象了，不仅为所有被录取的学生提供全额奖学金，还为他们提供每月8000迪拉姆（约为1.6万元人民币）的生活费补贴。如果学生在外面租房子，还可以得到更多补贴。但学生们通常不会想出去住，因为学校的住宿条件实在太好了，人均居住面积高达40平方米。

阿布扎比之所以为学生们提供如此优厚的条件，是因为阿联酋的目标不是"AI Ready"，而是"AI Leader"。发展人工智能的核心是人才，而培养人才的摇篮是大学。所以，阿布扎比对 MBZUAI 下了重注，邀请了全球最优秀的专家、学者来担任教职。如果论"平均每位教授的学术贡献"，MBZUAI 已经排在全球大学的前列。它招募全球最优秀的学生，为这些学生提供最优厚的待遇，但严格筛选，录取率只有 5%。MBZUAI 为阿联酋源源不断地输送顶尖的 AI 人才，这些由优秀教授培养出来的优秀学生，80% 都留在阿联酋工作了。

我的一位微软老战友就在 MBZUAI 任职，他说，阿联酋国内以及所有海湾石油国都有强烈的焦虑感，迪拜是怕石油用完了，阿布扎比是怕石油没人要了，在这种危机感的驱动下，转型成了它们的共识。

你觉得，一个"有危机感的富豪"想转型，会怎么转？答案当然是一掷千金，甚至孤注一掷。

在阿布扎比，我参访了一家来淘这个"一掷千金"的"金"的中国创业公司——来画。来画是做人工智能的，主要方向是 AIGC（人工智能生成内容），在中国已经发展 8 年了。它获得了阿联酋的投资，于是带着中国的人工智能技术来到了阿布扎比。

来画研发了应用于多种场景的产品,其中一款 AI 相框火遍了整个阿联酋。你只要上传一张照片,录几句话,就能定制一个"会说话的相框",并且可以和里面的"数字人"聊天。这个 AI 相框在很短的时间里就卖了几万个。我好奇地问为什么,来画中东负责人蔡总说,因为这里的人很喜欢相框。

的确,我也发现了,阿联酋人很喜欢相框,他们会用形形色色的相框把人像照片挂起来,有的人像甚至是用五颜六色的图钉拼成的。正是因为洞察了阿联酋人的这一喜好,来画的 AI 相框才能卖得如此火爆。

看来,无论在哪里做生意,要想做成功,最重要的都是深刻理解每个地方的独特性。

在近处,你的眼中才有人

初来乍到,怎么才能深刻理解当地的独特性呢?

一个方法是与中国人在当地成立的各种商会交流。在中东的几天,我密集地见了很多中国商会,如江苏商会、绍兴商会、山东商会等,商会成员向我分享了很多有价值的信息,比如,机会在哪里,会遇到哪些坑,要用哪里人,房子怎么租,饭在哪里吃,等等。这让我受益匪浅,也使我对中东的了解更加具体、深入。

另一个方法是找华为求助。华为是国内最早一批出海的科技巨头，在很多国家都打下了牢牢的根基。作为先行者，华为组织了中国创业者联盟，免费为中国创业者提供各种信息和服务。我们这次的中东参访调研，就得到了华为掏心掏肺的帮助。

除此之外，通过与一些早已扎根于此的中小创业者交流，也能更好地了解当地的情况。

听说"问道全球"参访团来到中东，一家中资律师事务所主动联系我们，说可以为同行的企业家们分享中东的法律环境状况，给大家避坑。一家做大宗商品贸易的中资集团邀请我们到其在哈利法塔的总部，其员工为我们分享他们的感悟。一位创业者带着可乐和水果来与我们聚餐，分享纺织业在中东的发展机遇。不仅如此，在路上、餐厅甚至景点的纪念品商店里，我们不断地偶遇来自中国的创业者。

我们欣慰地看到，中国的创业者们勤勤恳恳、扎扎实实，在全球各地生根发芽，开花结果。其实，出海不只是探索未知的新大陆，更是与他们会师。

比如，扎根当地、理解当地的黄珍。

黄珍是 iMile 的创始人，7 年前来到迪拜开了一家快递公司，做电商小包的最后一公里配送。

末端快递一般是本地人才能做好的生意，但是黄珍只用了几年时间，就将 iMile 发展为整个中东地区的第一。我问她是怎么做到的，她说，因为扎根当地，理解当地。

迪拜的电商物流比中国落后太多，到今天还有大量企业采用 COD（cash on delivery，货到付款）模式。跨境电商和货到付款两个元素叠加在一起，风险很高，因为经过那么长时间的运输，用户收到货时很可能已经失去了兴趣，拒收率自然很高。一旦拒收，所有运输成本都变成了沉没成本。

这让卖家非常头疼。谁能解决这个问题，谁就能从卖家手上拿到快递服务订单。

黄珍说，我来。

在迪拜，拒收率之所以很高，除了配送时间长之外，还有一个不扎根就无法了解的原因：有时配送员不想配送，就说客户拒收，然后直接把包裹退回仓库。

啊？还有这种事？那该怎么办？

为了解决这个问题，黄珍引入了一套数字化系统，然后雇人专门检查系统里每一次配送失败的 POA（proof of attempt，尝试配送证明），看配送员是否真的到了客户家门口，每单必查。这样一来，虚假拒收就少了很多，用户的签收率从原来的 50% 上升到 70% ～ 80%。于是，iMile 获得了大量卖家的青睐，越做越好。

扎根当地、理解当地的黄珍，带领她的 iMile 一路向前狂奔，不仅在中东地区奠定了市场老大的地位，还把业务拓展到了全球 30 个国家。

这才是真正的本土化。

在远处，你只能看到事；在近处，你的眼中才有人。

第二站

问道日本

02

去日本,看看中国明天可能面临的问题

2024年6月2日,我与20多位企业家一同抵达了"问道全球"的第二站——日本,开启了为期8天的日本商业游学参访。

你或许会感到好奇:为什么要把第二站选在日本呢?这是因为,中国和日本有许多相似的变迁趋势。

我们先从经济说起。如图2-1所示,日本的经济从1956～1973年平均每年9.10%的高速增长,逐渐降为1974～1996年平均每年3.50%的中速增长,再进一步降为1997～2019年平均每年0.62%的低速增长。

通过这张图,你能很明显地看到,日本的经济经历了从高速到中速再到低速增长的三级台阶。甚至,你还能依稀看见那些足以载入史册的、影响经济的事件。

中国在经历一轮增速换挡,GDP增长率从1978～2018

年平均每年 9.5%，逐渐过渡到 2023 年的 5.2%。如果说所有曾经历经济高速粗放式增长的国家最终都必然要经历增速换挡，那么，日本确实经历得比我们早很多。

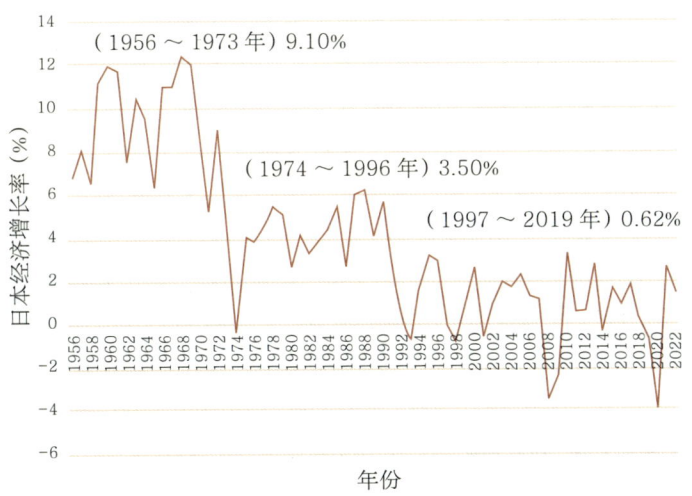

图 2-1　日本经济增长率的变化

再来看人口。

图 2-2 展示了日本和中国 1947～2023 年历年出生人口数量。从图中可以看出，日本有两次生育高峰，一次在 1947～1949 年，另一次在 1971～1974 年。在这两次婴儿潮期间，日本每年出生的孩子都超过 200 万人。中国也有几次生育高峰，最近的两次，一次在 1963 年左右，另一次在 1987 年左右。

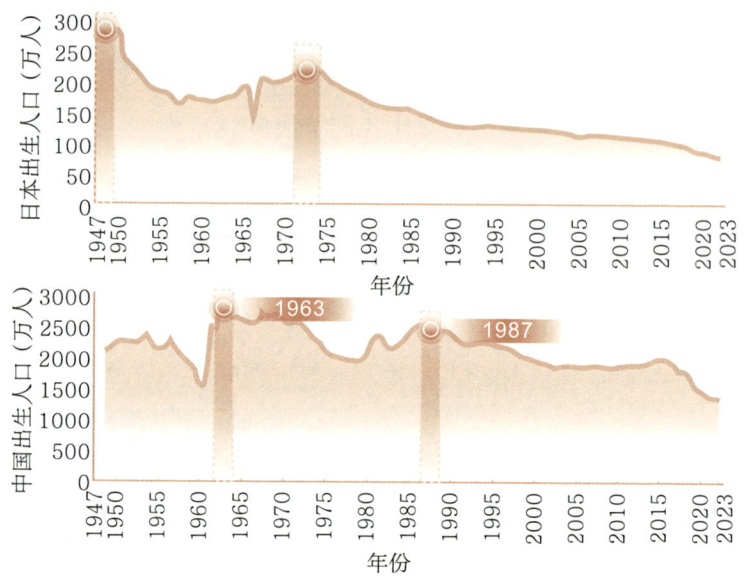

图 2-2　1947～2023 年日本和中国历年出生人口数量

数据来源：中经数据。

我们仔细对比一下会发现，日本和中国的两次婴儿潮，存在着大约 14 年的"时差"。

而日本和中国的总人口是如何变化的呢？日本的总人口在 2008 年出现首次下降，而中国的总人口在 2022 年第一次出现下降，也是相差 14 年。

所以，从人口的角度来说，中国和日本有着相似的变迁趋势，只是两者之间有十几年的"时差"。日本面临的问题，十几年后的中国或许也将面对。

那么，曾经的日本，究竟遇到了哪些难题呢？

图 2-3 是日本人口结构趋势图。人口结构就像一个三明治，底层是孩子，中间是成人，顶层是老人，而日本的"三明治"，底层越来越薄，中间越来越少，顶层越来越厚。这就是我们说的"社会变老"。

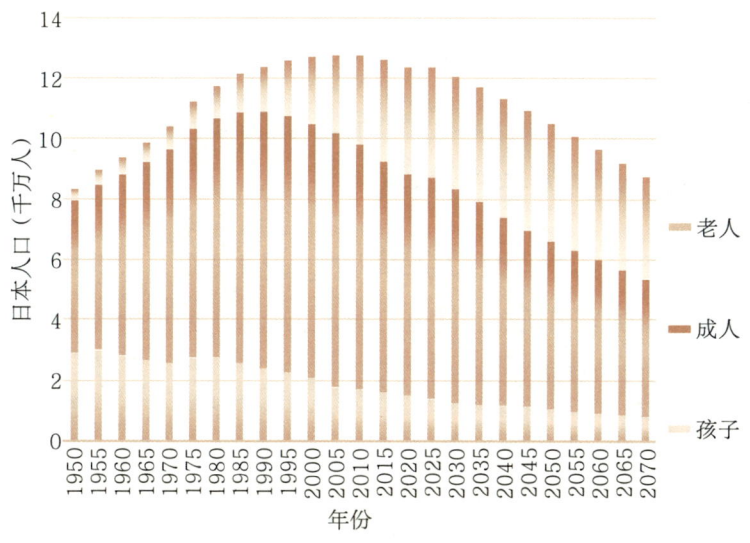

图 2-3　日本人口结构趋势图

数据来源：日本统计局、中经数据。

再来看看中国的人口结构趋势图，如图 2-4 所示。

中国的"三明治"是不是看上去和日本的很像？

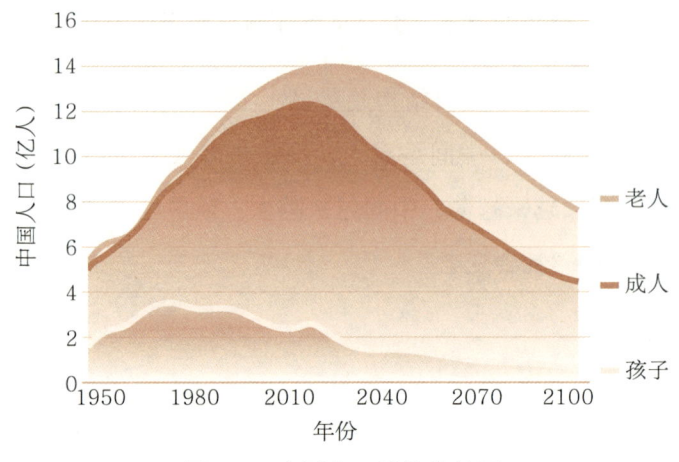

图 2-4　中国人口结构趋势图

数据来源：国家统计局、中经数据。

可见，在增速换挡方面和人口老龄化方面，日本都与中国有相似的发展轨迹。问道日本，能为今天的中国寻找一些可合理借鉴的解决方案。

在老龄化社会中寻找机会

你一定很好奇，我们在日本看到了什么。

我们也很惊讶，我们首先看到的是一个老龄化社会。

我们的向导说，今天日本的财政收入，大约有 50% 都花在老人身上了，而花在年轻人身上的，还不到 3%。这个数字或许夸张了。但是,根据日本参议院通过的 2024 年财年预算案,社保支出(主要用于老年人)占到了日本政府财政预算的 33.5%,比例非常高。而用于年轻人的支出,要少得多。

这么大的差距,年轻人能同意吗?不得不同意。因为老年人(以及正在老去的人)更多,他们会投票选出倾向老年人的首相。

在老龄化社会中,年轻人该怎么办?他们中很多人选择了"低欲望"。

三浦展是日本著名的社会心理学家,写过《第四消费时代》《下流社会》等畅销书,对日本由老龄化和少子化导致的社会心理变化有深刻的洞察。他告诉我们,日本的年轻人在过去几十年里,逐渐变得"低欲望"。用中国人的话说,就是"躺平"。

三浦展给我们展示了一组数据,如图 2-5 所示。

1982 年,在"努力追赶他人"和"轻松享受"中,63% 的初中生选择了前者,选择后者的只有 34%。但是 40 年后,到了 2022 年,选择"轻松享受"的初中生从 34% 增加到了 60%,高中生从 49% 增加到了 73%。

面对这样一个老龄化社会,该如何寻找机会呢?

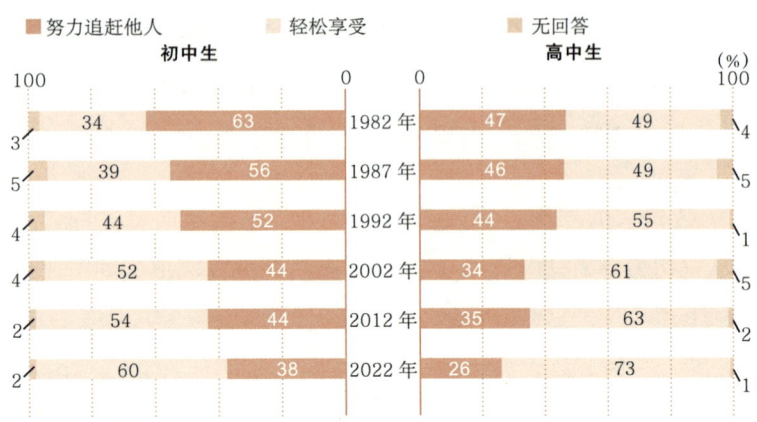

图 2-5　不同时代日本年轻人的选择

我们做了关于日本女性杂志 halmek 的调研，杂志社的高管说，其实不同年龄段的老年人的需求和市场形象是不一样的，如图 2-6 所示。

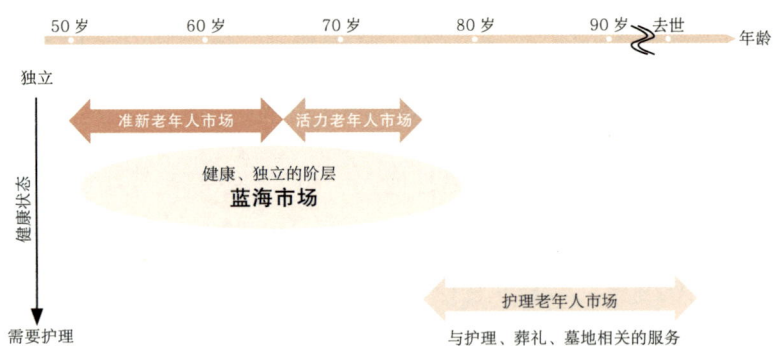

图 2-6　不同年龄段的老年人的需求和市场形象

数据来源：halmek。

50～65 岁是"准新老年人",即将老去,但尚未老去。65～75 岁是"活力老年人",虽然老去,但依然健康独立。75 岁以上是"护理老年人",需要特别照顾。

不要一提起老年人,就只想到 75 岁以上的需要护理的老年人。准新老年人市场、活力老年人市场是真正的蓝海市场。这是真正的机会。以下的退休老年人是"有钱有闲"的人。但是,要说起消费,不管什么年龄,主力都是女性。

杂志社高管给我们分享了两组数据。第一组数据是,在日本,50 岁以上的女性占女性总数的 50% 以上。也就是说,一半以上的日本女性已经老去,或者正在老去。第二组数据是,截至 2022 年 3 月,在日本,50 岁以上人口拥有的金融资产占日本金融总资产的 81.7%。大多数日本家庭,财政大权都掌握在女性手里。所以,做老年人市场就是做女性市场。

这个洞察有意思。

halmek 的问世正是基于这样的洞察。这本杂志每月出一刊,以帮助 50 岁以上的女性更好地生活为使命,教女性如何做蛋糕、化妆和保持身材,等等。现在,*halmek* 的月订阅量约为 48 万份,在女性杂志中排名第一。

但杂志社的收入远不只 *halmek* 的销售收入,它还在卖货。

杂志社高管说:"我们在杂志上介绍如何做胡萝卜汁,很多读者跟着做,但做着做着,就觉得烦了,于是问我们能不能直接卖,于是我们就开始卖胡萝卜汁,果然大卖。"

杂志社在卖货的时候从不假设 50 岁以上女性的需求,而是用问卷调查的方式让她们说出自己的需求,然后针对这些需求自主研究解决方案。比如,杂志社在调研时发现读者很关心尿失禁的问题,于是就在杂志上做了一期特别报道,然后在线下举办知识讲座,并设计出能解决这个问题的内裤进行销售。

通过这样的方式,杂志社的卖货收入不断增长,现在已经占到公司收入的 80%～90%。

除此之外,社群交流也是杂志社的重要工作。光是 2024 年 3 月,杂志社组织的线下及线上社群交流活动的参加人数便已经超过 4 万人。

但是,有一点一定要注意,那位高管说,在杂志里,永远不会出现"银发""老年人"这种词,因为没有人愿意承认自己是老年人。在日本的电车上,很少有人给老年人让座。为什么?因为被让座的人会觉得你在侮辱他,因为他不觉得自己老。同样的道理,不要说自己的产品是为老年人设计的,你越这么说,就越没人买了。所以,*halmek* 的定位从来不是一本老年杂志，而是一本女性杂志。虽然其 80% 的读者是通过电话而不是二维码订购杂志和产品的。

人口老龄化是危机。当日本年轻人承担着巨大的社会负担、需要养活越来越多的老年人时，他们甚至有些厌老情绪。但是，在这个危机里，藏着很多蓝海，比如老年女性杂志，比如共享住宅，比如社区食堂，比如老年社区。而如果我们知道十几年后有些事必然发生，那今天最好的策略，就是去看看哪些人和哪些模式用了十几年的时间跑赢了其他人和其他模式，然后，学习这些被验证的模式，比如 halmek。

唐吉诃德：线下版的拼多多

在日本调研的第二天，我们参访了日本所有上市公司中唯一一家业绩连续增长了 34 年的公司——唐吉诃德。

唐吉诃德成立于 1989 年，那是个日本人以为自己可以超越美国的时代，但最终这被证明只是一个幻想。日本不但没能超越美国，还迈入了"失去的 30 年"。1991 年，日本房地产泡沫破裂。1996 年前后，日本劳动力人口触顶下滑。2005 年，日本进入"低欲望"的第四消费时代……到 2024 年，日本的 GDP 被中国超过，被德国超过，本想争取第一，谁知道最后只拿了第四。

然而，日本失去的 30 年，恰恰是唐吉诃德飞翔的 30 年。唐吉诃德最初成立时，主打"便宜"，因此，很多人认为它代表着耻辱的消费降级，并预言它活不了多久。但是，这家线下版的拼多多不但业绩逐年增长，越活越好，还成了仅次于柒和伊控股（7-Eleven 母公司）、永旺和迅销（优衣库母公司）的日本第四大零售集团。

那么，唐吉诃德到底做对了什么？

把"便宜"刻进基因里

唐吉诃德做对了很多事情，但最核心的一点，是那么平平无奇，那就是"便宜"。是的，和拼多多一样，唐吉诃德的核心就是让人又爱又恨的"便宜"。

唐吉诃德的创始人叫安田隆夫。1978 年，29 岁的安田隆夫在东京创立了唐吉诃德的前身"小偷市场"。什么是"小偷市场"？就是里面东西便宜得像偷来的一样。为什么能这么便宜？因为是尾货。那些因为滞销、过季、微瑕而成为尾货的商品非常便宜，这种便宜在今天叫作"软折扣"。1980 年，安田隆夫决定往产业链的上游走，介入尾货批发业务，成立了 JUST 公司。但到了 1989 年，安田隆夫还是回归到零售环节，正式成立了第一家唐吉诃德。

所以，从成立的第一天起，"便宜"就刻进了唐吉诃德的基因里。为了让商品更便宜,唐吉诃德想尽了办法,像极了今天的拼多多。

比如,以前唐吉诃德的商品有大约 40% 是尾货和微瑕品,也就是软折扣商品。现在,这个比例有所下降,但也达到了 30% 左右。这部分商品当然便宜,但这不够。为了更便宜,唐吉诃德开发了自营品牌"热情价格"系列商品。根据唐吉诃德的报表,自营品牌商品的销售额大约占总销售额的 18%。因为自营品牌直连供应商,所以价格可以做到非常低,这就是所谓的"硬折扣"。软折扣结合硬折扣,确保了唐吉诃德商品的超低价。

不仅如此,唐吉诃德的高管说,他们每天还会派人去竞争对手的店里对比三次价格,确保自己店里的商品价格是最低的。如果不是最低,门店员工有权直接降价。你听听,这像不像拼多多自动跟价系统的"人肉版"?

把货源不稳定变成"丛林寻宝"

软折扣虽然带来了便宜的商品,却也带来了一个问题,那就是货源不稳定。

尾货之所以便宜,是因为卖不掉。卖掉了,自然就没有了,品牌商不会专门再生产一批尾货给唐吉诃德来卖。因此会出现一种情况，消费者喜欢一件商品，觉得不错，但下次来，就买不到了。

怎么解决这个问题呢？那就把货源不稳定当作一场"丛林寻宝"。唐吉诃德的创始人安田隆夫在 2003 年讲过一段话："软折扣的弱点在于供给不稳定，消费者来的时候不一定能找到自己想买的东西。但是，我们通过锁定夜间经济消费者，发现他们的需求不是有目的性的复购，而是通过探宝式体验寻找刺激和新鲜感。我们营造这样的空间，反而让他们每次来都能获得不同的新鲜感。渐渐地，就有消费者认为我们是一个可以发现新东西的渠道，这次有的商品，下次来不一定有。"

这段话的意思是：买不到很正常，这就像探险一样，是娱乐的一部分。所以，如果你走进一家大型的唐吉诃德门店，就尽情地探索吧。你永远也不会知道，今天会探索出什么好宝贝。

现在，你是不是突然理解拼多多的黄峥为什么说拼多多像迪士尼了？

重视夜间经济

安田隆夫提到的"夜间经济"又是什么意思？

唐吉诃德有些门店从早上 9 点营业到晚上 11 点，有些门店从早上 10 点营业到凌晨 3 点,还有一些门店是 24 小时营业的。唐吉诃德非常在乎夜间经济,因为长时间开店能带来更多人流。

但是,仅仅靠延长营业时间来吸引人流是远远不够的。什么时间营业,和你锁定的目标消费者有很大关系。如果你的目标消费者是家庭主妇,她们是不会凌晨来买东西的,你的店开得再晚,她们也不会来。不同的营业时段,必须满足不同人群的不同需求。

晚上的时段,满足什么人群的什么需求呢?满足游客的"丛林寻宝"需求。唐吉诃德发现,访日游客是一个巨大的市场。游客们白天会去各个地方游玩、参观,但晚上吃完饭想出来逛逛,却发现没有地方可去了。于是,每天晚上 8～11 点,会有大量游客涌入唐吉诃德。为此,唐吉诃德对门店进行了有针对性的优化,比如,唐吉诃德的门店能为国际游客提供便利的退税服务;和旅行社合作,在全球宣传唐吉诃德。

唐吉诃德的高管说,这就是他们的 CV+D+A 战略。"CV"就是 convenience,方便,全国连锁,夜间运行,产品丰富;"D"就是 discount,便宜,不但便宜,而且是高质量的便宜;"A"就是 amusement,娱乐,这里总有新东西,你来这里就像丛林寻宝一样。

做到其中任何一样都不难,三样都做到却非常难。而唐吉诃德"既要,又要,还要",都做到了,于是就筑就了自己的护城河。

世界上的真相往往是残酷的。我们常说,不能既要又要,还是专心做好一件事吧。其实,这句话是讲给普通人听的。残酷的真相是,真正的高手都是"既要,又要,还要"的,比如唐吉诃德,比如拼多多。

通过资源位竞争确保选品

唐吉诃德和拼多多的相似不止于此。唐吉诃德在日本有大约 700 家门店,这些店的选品,60% 左右由总部来定,而剩余的 40% 则由门店自己来定。怎么定?

唐吉诃德的门店设置了专门的选品负责人,有大品类负责人,还有小品类负责人。大品类负责人管小品类负责人,但具体到某个商品,则由小品类负责人说了算,他可以不听大品类负责人的。那听谁的呢?听数据的。比如,小品类负责人想推出一个新品,大品类负责人会给他在门店里划定一片小小的区域,给他定一个销售目标,让他先试着卖这个新品。如果新品销售数据不好,那就下架。如果销售数据很好,那就给他更大的区域,给他更多的销售资源。

这个策略和拼多多的资源位竞争几乎是一模一样的。在拼多多，如果有人想推广一个新项目，拼多多会先为他提供一定的流量，比如 3000 万流量，让他来测试效果。如果效果不错，分配给这个项目的流量可能会从 3000 万增加到 3 亿；如果效果不佳，这些流量则会分配给其他项目。

一切看数据，这就是资源位竞争。

业绩好一路向上，业绩差一路向下

在唐吉诃德，不仅资源位需要竞争，职位也需要竞争。

唐吉诃德的员工每半年要接受一次评定。大约有 30% 的员工会因为业绩好而获得涨薪。这很正常，但和其他公司不同的是，唐吉诃德大约有 20% 的员工会降薪。

我们都知道，每个员工都希望自己的收入只涨不降。收入涨了，员工可能觉得是自己应得的，不一定会感谢公司。但如果收入降了，那还得了，员工可能会闹翻天。在唐吉诃德，员工的薪水可涨可跌，员工的职位可升可降，一切都看业绩。业绩好的员工，可能会一路上升；而业绩差的员工，往往会一路下降。

吃了一大半，还能退款

听上去，唐吉诃德对员工很残酷，但唐吉诃德对消费者却非常好。

唐吉诃德有一个政策，就是食品可以随时退款。就算消费者已经吃了一大半，也照退不误。这是不是很像拼多多的"仅退款"？

除了"仅退款"，唐吉诃德还根据消费者的反馈定制产品。比如，有消费者反映，总是有 NHK 电视台的人上门收看电视的费用，自己又没看，为什么要交钱？但怎么讲也讲不清楚，最后只能无奈交钱。于是，唐吉诃德研发了一台收不到 NHK 电视台的电视机，等到 NHK 电视台的人再上门时，一看这台电视机，就只能灰溜溜地走了。这就是线下版的 C2M（Customer to Manufacturer，反向定制）。

经济下行、人口衰减，这到底是好事还是坏事？唐吉诃德的高管说，当然是坏事，因为这导致了日本社会的萎缩，很多大企业倒闭了。在生产人口很多时，社会处于增量经济时代。但是，当生产人口变少时，增量经济就会向存量经济转变，这时，只有优秀的企业才能成功。这就是为什么日本失去的 30 年正好是唐吉诃德蓬勃发展的 30 年，因为它足够优秀。

内卷的尽头，是"不一样"

在日本的第三天，我继续和 20 多位企业家一同探索日本的零售企业和时尚产业。

接待我们的增田绘莉香是一位独立设计师,她告诉我们,在日本,有数不清的独立设计师,比如三宅一生、山本耀司都是全球知名的独立设计师。

为什么呢?

经济是一个非常重要的原因。所有文化现象,都是从经济土壤里开出来的花。20世纪90年代,日本房地产泡沫破裂,少子老龄化问题凸显,导致消费市场低迷。年轻人从过度消费转变为理性消费,个性化、简约化、精神化的消费潮流开始兴起。简单来说,就是没钱了,欲望降低了,不买大品牌和奢侈品了,而是更喜欢买简约一些、与众不同但能让自己内心愉悦的东西。而独立设计师正好满足了消费者的这种需求。

购物中心的发展则是另一个重要原因。

今天中国的购物中心非常"卷",所谓"卷",就是高强度的同质化竞争。现在,你走进任何一家购物中心,场景都惊人地相似。一楼是大同小异的奢侈品品牌,二楼是雷同的女装品牌,三楼则大概率是那么几家男装品牌,顶楼的电影院里则放着同样的大片,地下的超市卖着同样的日用品。你去哪家购物中心都没有太大的区别,于是,逛购物中心变成了一场"换个地方买同样的东西"的无聊游戏。

日本的购物中心也曾"卷"得如此激烈,甚至到了惨烈的程度,以至于日本政府不得不出台《大店法》《大店立地法》等法律来规范竞争。但这样一直"卷"下去,终究不是办法。于是,日本的购物中心渐渐意识到一件事:摆脱内卷的最好办法就是差异化。如果在我的购物中心里能买到的东西,在其他购物中心里买不到,消费者不就不去其他购物中心了吗?

你一定会很惊讶:啊?这可能吗?当然可能。如果你觉得不可能,那一定是工业化思维限制了你的想象力。而跳脱了工业化思维的独立设计师,则很好地契合了购物中心对差异化的追求。

内卷的尽头是"不一样",日本很多企业都深谙这一点。

Tommy Hilfiger 东京旗舰店:"不一样"才是核心竞争力

我们去服装品牌 Tommy Hilfiger 东京旗舰店调研时,Tommy Hilfiger 日本公司的副总裁片冈正宏给我们介绍,店里有几排衣服,是独家限量版,只有在这家旗舰店里才能买到。

没错,仅此一家。无论是在日本的其他旗舰店,还是在全球其他任何一家 Tommy Hilfiger 旗舰店，都买不到同样的衣服。

我很好奇：为什么要这样？既然卖得好，那扩大范围，大家一起卖，不是效率更高吗？

片冈正宏说，这样的确效率高，但如果每家店都一样，消费者去哪里买不都一样吗？为什么一定要来这家店？

是的，"不一样"才是每家店、每家购物中心的核心竞争力。日本大量购物中心，满世界寻找"不一样"的商品、"不一样"的品牌，于是，天生追求"不一样"的优秀独立设计师就变得非常抢手。

世界时装集团：天生"不一样"

世界时装集团是日本最大的时装集团之一，它的名字很霸气，叫作"世界"。它也确实很霸气，最辉煌的时候，旗下有100多个时装品牌。它虽然近些年遇到挑战，但旗下仍有几十个品牌，年收入大约 3000 亿日元（约合 150 亿元人民币）。

我们在参观世界时装集团总部时，正好赶上了集团的一场订货会，很多购物中心的负责人到这里来参观，考察世界服装集团旗下品牌的新品，决定是否邀请它们入驻自己的购物中心，以增加自己的"不一样"。

我问世界时装集团的负责人，旗下几十个品牌，每个品牌有多少员工，能盈利吗？他说，集团的员工并不多，有的品牌甚至只靠十几个人在运营。对这些品牌来说，一年销售额 10 亿日元（约合 5000 万元人民币），就可以盈利了。讲完后，他给我一张名片，名片背后印着集团的几个知名品牌，有的叫"Untitled"（未命名），有的叫"Indivi"（individual，个性化）。果然，天生"不一样"。

下北泽不欢迎连锁店

在日本，这种对"不一样"的追求，不只限于服装业。

在东京都世田谷区，有一片街区叫下北泽，以独特的文化氛围、密集的时尚小店和丰富的二手商品而闻名，很受游客欢迎。

但是，随着游客的增多，商家之间的竞争越来越激烈，下北泽的房租不断上涨，这导致大量小店经营不下去，而经营能力强的连锁店先后入驻。有趣的是，这些连锁店一来，下北泽反而冷清了。因为这些连锁店就像复制粘贴的表情包一样，哪里都有。它们的存在，让下北泽失去了特色，变成了泯然于众人的旅游打卡点。

你是不是和我一样，脑海中浮现出了中国几乎每个城市都有的古镇？这些古镇千篇一律，就连小吃和纪念品，也是全国统一的。

面对这个困境，痛定思痛的下北泽决定做出改变。

下北泽开始婉拒连锁店，特意下调店铺租金，欢迎一些"独此一家"的特色小店。于是，卖有机蔬菜的、卖绝版唱片的……各种特色小店纷纷入驻下北泽。随着这些小店的增多，下北泽逐渐恢复那种"不一样"的魅力，人气也日益回升，重现往日繁华。

小，有时也是一种独特的竞争力

"不一样"好是好，但这也同时意味着"小"吧？没关系，小，有时也是一种独特的竞争力。

在日本，我们还参观了一家机器人公司，准确地说，是一家用机器人设备提供康复训练的康复中心。这家公司的机器人设备用一种肌电（肌肉电流）传感器来对人体进行监测，当监测到患者想动但是动不了的时候，就会给患者一些助力，帮助患者运动，使患者逐渐康复。

参访时，我们看了一些视频，其中有一位坐轮椅的患者，在做了几十次训练后，就能站起来走路了。一位同行的企业家大受触动，跟我们分享了他妈妈在做康复训练时的艰难，希望将相关技术引进到中国。

我对相关技术也很感兴趣,于是马上发了一条朋友圈,问中国有没有这样的公司。参访还未结束,就有好几个朋友回复我,中国有好几家类似的公司,而且技术更先进。

但是,看完这家公司的幻灯片介绍,我发现,虽然中国也有类似的技术,并且更先进,但这家公司的客户大多还是来自中国。

为什么这些人会舍近求远呢?其实答案很简单:康复最依赖的并不是机器人设备,而是背后操作机器人设备的那个"人"。有一位中国患者在接受视频采访时说,在这里,她感受到她不是被当作一个"病体",而是被当作"人"一样看待、尊重,这令她非常感动。

"被当作人一样看待",这听上去是多么低的一个要求,但要做到却非常难。因为做到这一点,需要耗费大量的耐心和时间。这注定了这家康复中心做不大,"小"成了它的宿命。但是,这种"小"也变成了它的竞争力,吸引着众多患者来到这里。

甘于"小",甚至把"小"做成核心竞争力,也是内卷时代的制胜法门。

不要忘了，增长的目的是幸福

所有的"卷"，所有的"不一样"，都是为了增长。但增长的目的又是什么？不要忘了，是幸福。

给你讲一个关于日本东京成田机场的小故事。

成田机场有一项规定：晚上 11 点到早上 6 点之间禁止航班起降，以减少对附近居民休息的干扰。在修建成田机场的过程中，部分居民不同意搬迁，成田机场不得不修改设计，绕开这些居民的住所。然而，机场建成后，由于距离居民区太近，噪声问题很严重，尤其是在夜间，飞机的轰鸣声常常导致居民难以入睡。为了让居民们睡个好觉，成田机场特意制定了这个规定。

机场确实能带来增长，但是，不能为了增长影响附近居民的幸福感。这就是成田机场的逻辑。

任何时候，都不应本末倒置。增长固然重要，竞争也是不可避免的，但幸福，才是我们的终极目标。

东京迪士尼："收门票的购物中心"

提起日本企业，你可能会想起电气巨头松下、零售巨头柒和伊控股，你知道它们的市值在日本排第几名吗？根据

2023年6月的数据,松下排第38名,柒和伊控股排第31名。看起来,它们都很厉害。你猜,东京迪士尼度假区⊖的运营方东方乐园排第几名呢?第8名。很难想象,一家主题公园的市值竟然超过了松下,超过了柒和伊控股。

我一直知道东京迪士尼很厉害,但是,没想到它这么厉害。为什么东京迪士尼如此厉害呢?

参访东京迪士尼乐园时,我找到了答案,那就是:深挖。

不管什么时候,都有人能赚到钱,只要你掘地三万尺,挖得足够深。而东京迪士尼就因为挖得足够深,把自己变成了一个非常赚钱的"收门票的购物中心"。

东京迪士尼的客户是谁

深挖什么?比如,深挖到底谁才是东京迪士尼的主要客户。

听到这个问题,很多人的第一直觉是"孩子":迪士尼乐园是供孩子玩耍的地方,大人怎么会感兴趣呢?要去,也是陪孩子去。所以,迪士尼乐园的客户当然是孩子。

事实可能跟这个答案有些不一样。

一周7天,孩子有5天在上学,所以,大部分时间里,

⊖ 东京迪士尼度假区包括东京迪士尼乐园和东京迪士尼海洋公园两个主题园区,下文简称东京迪士尼。——编辑注

乐园里的孩子并不多。再加上日本进入少子化社会,乐园里的孩子就更少了。

那东京迪士尼的客户是谁呢?谁有时间来玩,谁有金钱消费,谁才是乐园的客户。最符合这个标准的,不是孩子,而是成年女性。

在日本,通常是男性出去工作,女性在家做贤妻良母,所以,许多日本女性是有时间的。那她们有钱吗?当然有。与很多国家一样,日本家庭的财政大权是掌握在女性手中的。她们掌管着丈夫的工资卡,然后每月给他们发一些零用钱。

于是,有钱有闲的成年女性,成了东京迪士尼的主要目标客户。看懂了这件事,你就能看懂东京迪士尼的一些设计了。比如,很多娱乐项目不是那么刺激,5岁能玩,75岁也能玩;很多食品的包装只需要用很小的力气就能撕开;甜甜圈都是粉色的;音乐、建筑以及各种服务都设计得非常梦幻。

想打动成年人,尤其是成年女性,非常难。东京迪士尼想了一个办法:唤醒她们的童心。

东京迪士尼对"童心"有准确的定义:童心就是初二时那颗纯粹的心。

提问:你初二时有暗恋的对象吗?还记得 TA 的名字吗?这个问题或许会让很多人脸红心跳,因为那是最纯粹而柔软的记忆,那个名字,一想起来,就感觉温暖,就恋恋不舍。在东京迪士尼看来,这就是童心。

怎么唤醒成年女性的童心呢?东京迪士尼特意拍摄了大量的广告片,这些广告片的主角不是米老鼠,也不是唐老鸭,而是客户,是家庭,是女性。有一条广告片的内容是,一个女人在她还是小女孩的时候最喜欢去迪士尼乐园,成了少女后还是喜欢去迪士尼乐园,交了男朋友之后在男朋友的陪伴下一起去迪士尼乐园,有了孩子后带着孩子去迪士尼乐园,到了满头白发的时候最喜欢的仍然是迪士尼乐园,一生热爱迪士尼。这条广告打动了无数成年人的心。

那么,做了这么多努力后,东京迪士尼成功吸引到成年女性了吗?我们来看一组数据:2022年,东京迪士尼的游客中,成年人占到了 73.9%,而女性游客在其中的占比高达 79.4%。

东京迪士尼不再只是孩子的乐园,更成了成年女性的童话城堡。

95% 重游率的秘诀:快乐到让游客上瘾

吸引成年女性来到迪士尼乐园后,下一个需要深挖的问题是:她们会来多少次?

东京迪士尼的重游率高达 95%,也就是说,今天来逛东京迪士尼的 100 个游客中，有 95 个是"回头客"。这个重游率在全球所有主题公园中高居第一。

东京迪士尼是如何做到如此高的重游率的呢？唯有提供超凡的快乐体验，快乐到让游客上瘾。

东京迪士尼做过一个实验：在一个过生日的孩子身上贴了一个生日标签，同时，还在这个孩子身上安装了一个针孔摄像头，记录下孩子在迪士尼乐园经历的一切。视频显示，当孩子走在乐园的路上，或者坐在花车游行的队伍边上时，由员工扮演的米老鼠、唐老鸭以及各种动画片里的 IP 玩偶都热情洋溢地向他冲过来，祝他生日快乐，仿佛他就是这个童话世界的中心。最后，这个孩子感动得哭了，因为从来没有这么多人祝他生日快乐。

你想，到第二年过生日的时候，这个孩子会不会还想来迪士尼乐园？这种超凡的快乐体验，是能让人上瘾的。

不仅是生日这种特殊日子，即使是平常的日子，东京迪士尼能带给客户超凡体验的设计也无处不在，比如扫地。

在任何一家乐园中，你都会看到打扫卫生的清洁人员，很多乐园的清洁人员就像三个月没发工资一样愁眉苦脸。但是，东京迪士尼的清洁人员却很快乐，看他们扫地，甚至会觉得是一种享受。为什么？因为东京迪士尼对清洁人员进行了专门的节奏训练,他们扫地的每一个动作都踏在乐园音乐的节拍上,这使他们看起来就像在跳舞一样。

怪不得游客会上瘾啊。

快乐和敬业来自专业的培训

这样快乐又敬业的员工,是从哪里招的呢?是不是东京迪士尼的员工都是高薪挖来的呢?是不是就连扫地的清洁人员也是艺术院校毕业的高才生呢?

并不是。

东京迪士尼对员工学历的要求并不高,只要初中毕业就可以,但是对员工态度的要求却很高。一个人在工作时最需要具备的三样东西是态度、技能和知识,其中,东京迪士尼最重视态度。在考察员工时,如果有机会,考察官会观察他作为客人在吃饭时对服务员的态度。园方认为,一个对服务员很无理、很苛刻的人,是不可能把快乐带给游客的。

态度是天生的吗?不是,好态度是可以通过专业的培训获得的。培训就像是一辆车的导航,有了导航,一辆小排量的汽车也能比没有导航的宝马更快到达目的地,因为导航能帮它明确目标,不走弯路。

培训一定要非常简单,简单才能理解,简单才是高手。

在所有作家中，最聪明的大概是绘本作家，因为他们能把复杂的事情简单化，简单到孩子都能看懂。所以，东京迪士尼的培训逻辑非常简单，就是四个字母：SCSE。

"S"指的是 safety，安全。来东京迪士尼游玩，安全是第一位的。东京迪士尼对员工最重要的培训就是如何保护游客的安全。

"C"指的是 courtesy，礼仪。东京迪士尼会教员工热情地和游客打招呼，用热情来感染热情，甚至最终让小朋友的父亲都能因为快乐而戴上鹿角头饰。

"S"指的是 show，表演。这部分培训内容包括花车巡游、和游客互动、随时表演等，让整个乐园仿佛变成童话世界，充满快乐。

"E"指的是 efficiency，效率。每个员工都要学会提高效率，减少游客的等待时间，从而提高他们的满意度。举个例子，几乎每个主题公园都有卖气球的工作人员，在很多主题公园里，因为气球的绳子缠绕在一起，工作人员要解半天，才能将气球拿给游客。但是，在东京迪士尼，工作人员很快就会把气球送到游客手上，因为无人光顾的时候，他们一直在整理绳子，确保每一个气球都能快速取出。

东京迪士尼每年在培训上花的钱占其总营收的比重很大，

就是为了通过培训来提升员工的服务态度,从而提升游客的体验,提高重游率。

收门票的购物中心

可是,怎么才能把这些钱赚回来呢?别担心,东京迪士尼很能赚钱。因为具有超强的用户黏性,它甚至变成了一个"收门票的购物中心"。

这种超强的用户黏性,在很大程度上来源于迪士尼的IP。一桶普通的爆米花,在迪士尼卖400日元(约合20元人民币),但是,一桶带有米老鼠造型夹子的爆米花,却可以卖到800日元(约合40元人民币)。这两桶爆米花的差别,来自IP给游客带来的情绪价值。这使爆米花成了东京迪士尼非常赚钱的项目之一。不只是爆米花,东京迪士尼的餐具都是根据IP定制的,很多人为了餐具而点餐,虽然价格贵,但许多游客毫不心疼。

为了增强用户黏性,东京迪士尼还做了很多设计。有人研究过,东京迪士尼将背景音乐的节拍速度控制在每分钟72~94次之间,因为这能使游客保持愉悦,提高商品的销售额。再比如,在打造了东京迪士尼乐园之后,东京迪士尼在乐园旁边建造了一个迪士尼海洋公园,玩两天刚刚好,这使很多游客选择在东京迪士尼度假区住宿。

游客到东京迪士尼，最大的花费往往不是门票，而是礼品和餐饮。怪不得有人戏称，东京迪士尼就是一个"收门票的购物中心"。

最后，你注意到没有，我一直在说"东京迪士尼"，为什么要强调"东京"两个字？因为东京迪士尼和全球其他迪士尼乐园都不一样，它是美国本土之外的第一家迪士尼乐园，也是全球唯一一家"加盟"的迪士尼乐园。正因为如此，东京迪士尼可以在迪士尼体系外做很多创新，系统性地为人们提供极致的情绪价值。

"极致""情绪价值"这两个词说起来简单，但做起来，实在是太难了。也许只有真正沉下心来并掘地三万尺的企业才能做到，就像东京迪士尼。

一边迎接老龄化，一边拥抱未来

在日本的第四天，我们继续穿梭于日本的各个企业。这一天，我深深感受到，日本整个社会，都在一边迎接老龄化，一边拥抱未来。

应对老龄化社会的适老化改造

在我们住的酒店，我注意到，玻璃门上印着一段"暴力团驱逐宣言",即严禁暴力团成员及其关联人士使用酒店设施。

日本的"暴力团",就是我们常说的黑社会,比如我们在日本电影中经常看到的"山口组"。看到这段宣言,我忍不住研究了一下日本的黑社会,发现它们也挺"悲凉"的。30 年前,日本的黑社会成员超过 9 万人。但到了 2022 年,日本黑社会成员人数骤减到了 2.24 万人,其中半数以上的成员年龄在 50 岁以上,70～79 岁的成员占比超过 10%!你能想象吗?今天日本街头的黑社会成员,有一半以上不是血气方刚的年轻人,而是中老年人,而且,每 10 个人中就有一个是白发苍苍的老头。

日本已经进入超级老龄化社会了,但我们从未想到,超级老龄化是这个样子。人口老龄化正在以一种独特的甚至有些戏谑的方式影响着整个日本社会,它带来了很多问题,当然,也带来了很多机会。

在参访日本零售巨头永旺集团旗下的永旺超市时,我们发现了一个奇特的现象:宠物喝的矿泉水比人喝的矿泉水更贵;宠物吃的零食丰富多样,有牛肉干、酥饼、小蛋糕、豆奶杯等,人看了都大咽口水。

吉田先生是永旺超市的一位负责人,我问他为什么会这样，他说，有很多原因，其中一个原因是年轻人不生孩子了，也就是少子化。年轻人虽然不生孩子，但需要心灵的慰藉，于是就开始养宠物。养宠物成了生孩子的"平替"。所以，宠物用品在日本卖得非常好。

吉田先生说，面对已经到来的老龄化社会，永旺超市做了大量的适老化改造。比如，永旺超市设置了一个很大的专区来售卖成人纸尿裤。再比如，为消费者提供专门的"老年护理服务"。

永旺超市仔细分析了那些需要大量照顾的老年人的需求，并将其归纳为12个大项，如化解身体不适、减轻金钱负担、释放压力、消磨时间、丰富心灵、寻找人生的乐趣等，然后将满足这些需求的服务进行整合，用会员制的方式，向老年人提供这些服务。

提供服务的平台叫作"MySCUE"。在日本，每年都有很多老年人在家里孤独死去，MySCUE平台就是永旺超市为这个问题找到的解决方案。

这个解决方案，让我不由得有些感慨：当一个超市集团都开始提供老年护理服务时，这个社会的人口老龄化已经到了多么严重的程度啊！其实，不只是永旺集团，为了应对越来越严重的人口老龄化，日本的很多公司都提出了自己的解决方案，就连游戏公司也不例外。

如果你是一个"70后"，我想，你大概率像我一样，玩过《超级玛丽》《魂斗罗》《街头霸王》《战斧》等游戏。我们专门参访了日本著名的游戏公司世嘉（SEGA）。我小时候非常喜欢玩的《战斧》，就是世嘉出品的。世嘉的同学告诉我们一个好消息：他们将逐步复活那些我们小时候玩的游戏。天啊，我的青春要回来了。

为什么要复活老游戏呢？我想，这大概也是因为老年人越来越多吧。

让老年人能在高清电视上玩小时候玩过的马赛克游戏，可能是游戏公司对老年人的最大尊重吧。

日本政府限制互联网，是谣言

当然，日本的企业并不都是在解决人口老龄化问题，它们也在做很多拥抱未来的尝试，比如，拥抱互联网。

中文互联网上一直流传着一个说法：日本政府为了保护实体零售业，一直限制互联网的发展。事实证明，这个说法是谣言。

世界时装集团的丸山先生告诉我们，电商渠道的销售收入占集团总收入的28%。他向我们介绍，在世界时装集团的

app 中，有一个选项，是把用户在 app 里购买的衣服配送到离其最近的一家线下门店，供用户到店里试穿。

同行的一位做电商的创业者问这么做有什么用，丸山先生说，能降低退货率。那位创业者接着问："那你们的退货率是多少？"丸山先生回答，不到 5%。那位创业者大吃一惊，非常羡慕，因为在中国，服装电商的退货率已经超过 50% 了。

永旺超市的吉田先生也为我们展示了他们的 app。吉田先生说，电商渠道的销售收入大概占永旺超市年营收的 5%，这个比例虽然不算高，但永旺超市正在大力发展电商。现在的永旺电商是网上购买、门店配货，它正在建设一个全新的电商平台，所有商品从中央仓库直接发送，希望可以提高电商渠道销售收入的占比。

除了建设线上的电商平台，永旺超市还非常重视线上与线下的结合，比如，它正在大力推广移动支付。

吉田先生介绍说，消费者进入永旺超市后，可以推一辆购物车，并将一个外形像手机一样的电子支付设备夹在购物车的前面，然后推着购物车在超市里逛。当消费者看到一件想买的商品时，只要在把商品放入购物车前，将商品的条形码在电子支付设备的摄像头前一晃，商品就被同时放进了"虚拟购物车"。等到消费者挑选完全部商品，推着购物车来到收银台时，只要在这台电子支付设备的虚拟购物车里点"结账"，完成付款，就可以直接推着这车商品离开了，线下结账的时间被大大节省了。吉田先生对这一点非常自豪。

日本从来没有限制电商，只是电商在日本发展得比较慢而已，但从业者正在努力追赶。

有尊严地老去，无价

去日本人口老龄化的"深水区"养老机构调研，是我此行的重要目的之一。

养老这件事，虽然不愿意面对，但是，谁也回避不了。现在，中国的人口老龄化同样日益严重，所以，深刻理解日本的经验，对你我都非常重要。不过，听完日本最大的民营养老机构之一倍乐生的陈晓莹博士的分享后，我的心情有点复杂。

日本人口老龄化带来的艰难挑战

我们都知道，日本的人口老龄化非常严重，几乎是全球最严重的。陈博士为我们分享了一组数据：1970年，日本65岁及以上的老年人占总人口的7%；1995年，这个比例提高到了约15%，2023年，又提高到29%；预计到2060年，日本 65 岁及以上的老年人将会占到总人口的 40%。也就是说，到 2060 年，5 个日本人中就有 2 个是老年人。

老年人，意味着自理能力越来越差。这么多老年人，如果不能自理，靠谁来照顾呢？过去是靠子女，但现在，子女靠不住了。陈博士为我们分享了另一组数据：1980 年，60% 左右的日本老年人是和子女同住的（和未婚子女同住，或者三代同住）；1995 年，这个比例降到了 46%；2021 年，这个比例进一步降到了 30%。大部分老年人不和子女住在一起，因为不习惯，或者因为根本没有子女。那他们和谁住呢？32% 的老年人是老两口自己住，28.8% 的老年人是独居，这意味着，如果不寻求养老服务，有 60.8% 的老年人日常只能自己照顾自己，或者老两口之间互相照顾。

想想有点凄凉，但是，这就是人口老龄化和少子化的必然结果吧。可是，老年人真的能自己照顾自己，或者老年人之间互相照顾吗？有点难，他们会遭遇各种挑战，比如认知障碍。

认知障碍表现为记忆能力、思维能力和行为能力全面下降，逐渐记不得人，也记不得事。导致认知障碍的原因有很多，比如阿尔兹海默病、脑血管疾病，等等。有人把认知障碍叫作失智症或者老年痴呆，这些叫法非常伤人，但是，严重的认知障碍患者，确实生活很难自理。我今天吃过药了吗？家里的钥匙放到哪里去了？他们根本记不住，就像记忆被偷走了一样。

在日本，有多少老年人患有认知障碍呢？根据日本厚生劳动省的统计结果，截至2024年5月，日本65岁及以上的老年人群体中，每8人就有1人患认知障碍；预计到2050年，患有认知障碍的日本老年人或达586万人。

这些老年人很难照顾好自己，但是，他们中的大部分又不和子女住在一起，怎么办？

日本的解决方案——社会化养老

为了解决养老问题，日本政府绞尽了脑汁，想了各种办法，最终，它找到了一个重要的解决方案——社会化养老。

20世纪60年代，在日本65岁及以上人口比重刚超过6%的时候，日本政府就已经未雨绸缪，开始思考养老问题了。1963年，日本颁布了《老人福祉法》，以政策为机构养老提供保障。但是，因为没有竞争机制，机构服务非常单一。

20世纪70年代，日本65岁及以上人口比重超过7%，日本政府继续改革，于1973年推出了"老人免费医疗"政策。免费医疗受到了老年人的欢迎，很多老年人长期住院，导致医疗费暴增。

20 世纪 80 年代，日本 65 岁及以上人口比重超过 9%，为了解决日本财政赤字逐年累加的问题，日本政府于 1989 年开始征收 3% 的消费税，并推出养老的"黄金计划"（《推进高龄者保健福利十年战略》）。人口老龄化的代价通过消费税的方式，由全社会承担。

20 世纪 90 年代，日本 65 岁及以上人口比重超过 12%，养老资金缺口越来越大。1997 年，日本政府将消费税从 3% 提高到 5%，并制定了《护理保险法》，旨在减轻财政负担，让政府、社会保险和个人共同承担护理费用。这之后，日本消费税不断提高。

关于 20 世纪 60～90 年代日本社会化养老的 40 年变迁，我只写了这么几句话就简单概括了，但经历过那 40 年的人，一定能体会到那种山一样的巨大压力。

进入 21 世纪，日本 65 岁及以上人口比重进一步提高，为了应对日益严重的养老问题，日本实施了《介护保险法》。现在，介护保险制度已经成为日本社会化养老最重要的制度之一。

什么是介护保险制度？

介护是给无法自理的老年人提供护理服务的意思，介护保险就是为给老年人的护理购买的保险。请注意，介护保险不同于养老保险，它是在医保之外额外缴纳的保险，主要用于支付老年人护理（而不是看病）的费用。《介护保险法》规定，日本人从40岁开始必须购买介护保险。

我老了以后自己照顾自己，不需要护理，我可以不买吗？不行，必须买。

那买到什么时候？是不是65岁之后就不用买了呢？不是。65岁之后仍然需要买，一直支付到生命结束为止。

这是因为，在日本，有太多老年人需要护理了，而且，数量还在日益增多。钱不是从天上掉下来的，为老年人护理花出去的每一分钱都必须有人出。

但是，即便如此，钱还是不够。2022年，日本在老年人介护上的总支出是11.19万亿日元，介护保险只承担了其中的50%，还有50%是由国库（国家级财政）、都道府（省级财政）和市町村（市级财政）分担的。国库、都道府、市町村的钱又是从哪里来的呢？它们不可能凭空造出钱来，这些钱都来自税费。

非常艰难才筹集来的钱，当然要非常小心地花。于是，《介护保险法》根据老年人需要护理的严重程度，将护理服务分为7个级别，每个级别对应不同的可以报销的服务。比如，严重到什么程度，可以使用洗澡服务，一个星期可以用几次。

看到这里，你的心情是不是已经变得很沉重了？我们所知道的人口老龄化，只是一个概念，但在日本，这个概念已经具体化为一个星期可以洗几次澡了。

接纳并给予肯定，才能增进理解

那么，谁来提供这些服务呢？你可以选非营利养老机构，当然，你也可以选民营养老机构。

2000年《介护保险法》实施后，日本的民营养老机构进入了爆发期，数量很快就超过了非营利养老机构。在非营利养老机构，一个工作人员要照顾三个老年人，老年人很难得到很好的照顾。所以，支付能力强的老年人更喜欢民营养老机构，甚至愿意自费入住。

SOMP Care 是日本老年人起居室数量排名第一的养老机构，它一共经营着约470家养老服务设施，服务着近3万名老年人。你猜，这家养老机构的年营收大概是多少？1459亿日元，折合人民币约71亿元。

你或许会惊叹：养老机构这么赚钱啊？是的，就是这么赚钱，因为有尊严地老去，很值钱，甚至无价。

陈博士给我们分享了在倍乐生发生的几件事。

有的认知障碍患者会产生幻觉，他会对你说"我看到墙上爬满了蜘蛛"。墙上当然没有爬满蜘蛛,那么,你怎么回应他?你不能说"你看错了,哪有蜘蛛,别瞎想",因为在患者眼中,他的幻觉是真实存在的,否认他认为真实的东西,对他是一种严重的伤害。所以,你要说"那我们一起把蜘蛛扫干净吧"。接纳并给予肯定,才能让他获得尊严。

有一位患有认知障碍的老年人喜欢收藏塑料手套,因为她以前是一位理发师。尽管她自己已经不记得了,但她还是喜欢收藏工作用的手套。于是,养老院的院长请这位老年人给自己理发。理得好不好不重要,重要的是,她因此感到非常开心,觉得自己依然有用。有用,就有尊严。

还有一位老年人,透过窗户看到年轻人在海上冲浪,就小声说了一句:"我也想试试是什么感觉。"养老院的工作人员听到后,就和她一起制订了一个长达半年的训练计划。半年后,在工作人员的保护下,83岁的她跪在冲浪板上完成了人生的第一次冲浪。她说,这是她这辈子最幸福的一天。

听完陈博士的分享,我们深受震撼。当然,倍乐生所做的努力不止于此。

老年人不记事怎么办?倍乐生发明了一种简单实用的"白板记忆照护法"。在倍乐生的养老院,在老年人们身体允许的情况下,工作人员会让他们适当地做些家务,比如做饭。

这不是为了自己可以偷懒，而是为了让老年人动起来，这样他们的身体机能就不容易迅速衰退。在做饭之前，一位工作人员会带着六七位老年人开会，讨论要做哪些菜。老年人们各抒己见，工作人员把大家的意见写在白板上。当老年人的意见被写下来并不断讨论时，他们的记忆就会被不断刺激和加强。老年人们参与得非常积极，讨论了2小时后，终于定下了菜单。第二天，继续开会，讨论的内容变成了谁买菜、谁洗菜、谁做饭、谁洗碗。老年人们继续各抒己见，工作人员继续在白板上记录。这样一顿饭，能讨论一个星期甚至一个月。实际上，这顿饭怎么做并不是目的，讨论才是目的，刺激老年人的大脑、帮助他们不断进行记忆修复才是目的。

陈博士说，他们还尝试过一种办法，就是把养老院和小学的托管服务结合起来。

倍乐生在经营养老院的同时，也经营小学生的托管服务。放学后，父母还没下班，小学生可以先到养老院来写作业。在这里，有专人监督孩子们的作业进度。谁来监督呢？除了工作人员，还有住在养老院的老年人。

老年人们非常认真，一看到孩子，就问他们今天有哪些作业、为什么这一页还没写，督促他们抓紧写作业。这让老年人们感觉很有成就感，很有尊严。

有的老年人生病了，躺在床上，但还是很想监督孩子们写作业，于是，孩子甚至会到老年人床边去写，主动被他监督。看着朝气蓬勃的孩子们，老年人感觉自己也有了活力。

这对孩子们也很有帮助。有时，孩子们会问："为什么爷爷奶奶让我们自己吃饭，他们却要人喂呢？"工作人员会和孩子们解释："因为爷爷奶奶生病后吞咽功能退化了。你们要多练习，这样以后才能退化得慢一些。"这样的互动，也增进了孩子们对老年人的理解和尊重，有助于他们认识到生命的全貌。

我再次深受震撼。这样的养老院，我也想去住。那么，它们是怎么收费的？

日本的民营养老机构，除了提供《介护保险法》要求提供的服务（帮老年人洗澡等）并按照法定价格收费外，主要收取两笔费用，一笔是床位费，一笔是服务费。床位费就像酒店住宿费，一般一次收 5 年的钱，对老年人而言这是买住进来的资格。床位费有高有低，主要是看养老院的等级。据陈博士介绍，最贵的养老院，5 年的床位费高达 2 亿日元（约合 1000 万元人民币）。服务费就是每个月收的费用了，用于支付工作人员的工资。根据服务的级别、人员的配比，服务费有所不同。好的养老院，工作人员和老年人的比例可以达到 1∶1，价格相比一般的养老院也就高多了。

所以，如果你能提供很好的服务，开民营养老机构是非常挣钱的。

研究日本养老产业的目的，不是为了日本，而是为了中国。

现在，日本的人口老龄化程度是全球最高的，但是，很多国家正在"迎头追赶"，比如中国、韩国等。这就意味着，日本花了漫长的几十年经历的老龄化社会的历程，中国有可能也会经历。那么，日本应对人口老龄化的商业化努力，我们是否也会同样来一遍呢？中国会不会也推出"介护保险法"呢？会不会也用特定税收分担养老成本呢？会不会也鼓励民营养老院分流分层呢？

看看日本的过去，或许能帮助我们更清楚地看到中国的未来，然后，更好地布局接下来的行动。

请带"好奇之眼"，不要带"偏见之镜"

罗振宇说过一句话："一困惑，就出门。"困惑，就是遇到了问题，却没能在七步之内找到"解药"，所以急得团团转。该怎么办？走出去，寻找答案。如果近处没有，就去远处找；如果当下没有，就去历史中找。出门，去看看那些曾经和你遇到相同难题的人，留下了哪些参考答案。

以老龄化问题为例。2021 年，中国 65 岁及以上人口比重超过 14%，按照联合国的标准，中国已正式进入深度老龄化社会。太吓人了。但是，日本早在 1994 年时该比重就已经达到 14% 了，比中国早了 27 年进入深度老龄化社会。那么，在这 27 年间，日本尝试了哪些解决思路？在这场长达 27 年的与人口老龄化对抗的马拉松中，有些解题思路被中途放弃了，有些解题思路被早早淘汰了，但也有一些解题思路被证明是有效的，一直沿用到今天。我们到日本来，就是来看看谁是这场马拉松的获胜者，然后，向它请教，甚至把它请回中国。

所以，不要焦虑，天塌不下来。你所担心的那些问题，"别人"可能早就遇到过。你灵机一动想出来的解决方案，"别人"可能早就尝试过。某些解决方案靠不靠谱，可能早就被验证过。这就是"问道全球"的意义所在。

出门时，带上你的"好奇之眼"

一困惑，就出门，但是，出门时，不要忘了一样东西。

出门后，我们常常会产生这样的感觉：这条马路，还没有北京的宽呢；这项技术，上海不是也有吗？这个地方的办事效率，和深圳相比，差得太远了。于是，我们内心的"行李箱"里，装进了满满的自豪感。然而，正是因为"行李箱"装得太满，反而塞不下任何一条别人的解题思路。

出门的意义，不在于寻找相同，更不是寻找优越感。出门的真正意义，是寻找不同，是寻找我们可以学习和借鉴的地方。这就需要我们带上"好奇之眼"。

比如，在日本羽田机场的办票柜台，行李传送带与地面齐平。这个设计非常有意思，为旅客减少了搬运行李的麻烦。这是如何做到的？好奇。

再比如，日本烤肉店的烤肉夹子，设计得非常独特。夹子两边的中间位置各有一个凸起，放在桌上时，夹头不会接触桌面。这样一来，就不需要专门找个碟子来放夹子了。这个设计也很有意思。我们是否可以在其他地方采用类似的设计呢？好奇。

带着"好奇之眼"，我们会觉得收获满满；而带着"俯视之心"，我们只会觉得不过如此。

摘掉"偏见之镜"

"好奇之眼"一定要带。但有一样东西，千万不要带。

有句话说得好："你眼中的你，不是你；别人眼中的你，也不是你；你眼中的别人，才是你。"为什么？因为你看到的任何人和事物，都不可避免地带有你的偏见。而恰恰是这些偏见，定义了你。自我修炼的一个重要部分，就是摘掉"偏见之镜"。只有这样,你才能看清这个世界的本来面目。

举个例子,很多人都读过索尼前常务董事天外伺朗 2006 年写的一篇文章《绩效主义毁了索尼》。这篇文章严厉批评了索尼的绩效管理制度,认为它是索尼衰退的根本原因。这篇文章在国内引起了很大的反响。从此,我们看索尼时,就有了一种居高临下的悲悯心态,仿佛在看一只"史前恐龙"。这只半个身子已经入土的"恐龙"似乎活在了 Walkman 时代,错过了手机、汽车甚至人工智能的浪潮。

索尼真的衰败了吗?

2024 年 5 月,索尼发布了 2023 财年(2023 年 4 月 1 日~2024 年 3 月 31 日)全年业绩,通过财报我们可以看到,索尼的"硬件"收入(包括各类消费电子产品,如随身听、CD 机、手机、相机等)仅占公司总收入的不到 20%,而其"内容"收入(涵盖游戏、音乐、电影等领域)则超过了公司总收入的 50%。认为索尼是一家电子产品公司,其实是一种"偏见"。事实上,索尼早已成功转型为一家以娱乐内容为核心的公司。索尼并没有衰败,而是完成了转型,并且转型得相当成功。如今的索尼,市值依然稳居日本前三。

只有摘掉"偏见之镜",你才能看到很多看不见甚至看不懂的东西。比如,日本人的"迷惑行为"。

什么是"迷惑行为"？在日语中，"迷惑行为"指的是给别人添麻烦的行为。在日本，如果你帮一位女士提了一个很重的箱子，她很可能不会对你说"谢谢"，而是会说"对不起"。这种行为是不是很让人迷惑？因为她觉得，她没有处理好自己的事情，居然需要你来帮忙提箱子，给你添了麻烦，所以，她感到"对不起"你。

参访日本的这些天，我们算是亲身体会到了何谓日本人定义的"迷惑行为"。在电梯里说话，会被嫌弃，因为给不想听到你说话的人添了麻烦；在会议室里多分享了几分钟，就被催促结束，因为给工作人员添了麻烦；买十几杯咖啡会被拒绝，因为给后面只买一杯咖啡的客人添了麻烦。

再给你讲一个故事，你也许就能更深刻地理解这种文化了。2015年，极端组织伊斯兰国（ISIS）绑架了两名日本人，并要求日本政府在72小时内支付2亿美元赎金，否则将杀害人质。这件事引发了广泛的关注和争议，然而，日本政府坚决不支付赎金，绝不向恐怖分子妥协，在其看来，一次妥协很可能会带来更多的绑架事件。最终，人质被杀害。这件事令人震惊，但更让人震惊的，是其中一位人质的父亲的态度。这位父亲没有哭诉政府为何见死不救，反而公开道歉："这次事件，真是给大家添麻烦了，非常对不起！"

天啊，儿子被绑架，居然是给大家添了麻烦？如果你不理解日本"不给别人添麻烦"的文化,可能永远无法理解这位父亲的行为。

你认为的偏好,只是时代的印记

所有行为,都源自文化;而所有文化,都是在经济基础上开出的花。

这一代日本年轻人对购买房产、汽车、奢侈品等没有强烈的兴趣,对家国情怀、财富、爱情、婚姻、奋斗等也没有太多兴趣,而是沉浸在游戏、动漫和二次元的世界中。在生活方式上,他们崇尚"断舍离",追求极简主义;在消费观念上,他们践行"低欲望社会"的理念,甚至将购买二手衣服视为一种时尚。这群年轻人被称为"平成废宅",即出生于平成年代(1989~2019年)、被认为胸无大志、生活消极、只愿意宅在家里的一代人。

"平成废宅"这个词,听起来非常"标签化",带有强烈的偏见。它只能代表一部分(甚至是一小部分)日本年轻人。然而,为什么这部分年轻人会形成这样的特征,甚至偏好呢?一个重要原因是:日本经历了"失去的30年"。是的,就是那个被反复提及、你听到耳朵都要起老茧的"失去的30年"。

在这30年间,日本发生了两件大事:经济增长停滞和人口老龄化。这两件事导致许多年轻人失去了上升的机会。面对这样的环境，年轻人要么郁郁不得志一生，要么寻找一种自我和解的方式。于是，"自洽"成了更多人的选择。这些年轻人认为，自己独立做出了"低成本悦己"的选择，但实际上，这是一代人的集体偏好。这种看似个人化的偏好，其实是时代在人们身上刻下的印记。

那么，面临经济换挡和人口深度老龄化的中国，是否也会出现类似的现象？中国这一代年轻人会被时代刻上什么他们自以为是个人偏好的印记？这些问题值得深思。但无论如何，我们都需要开始适应从"β驱动"转向"α驱动"的时代了。

从β驱动到α驱动

什么是β，什么是α？举个例子，白酒行业（赛道）就是β，而茅台（个体）就是α。从2016年到2023年，白酒行业的整体产量下降了一半以上，可以说是"腰斩"。然而，在这六七年间，茅台的业绩却依然保持每年增长的趋势。在经济高速粗放式增长的时代，几乎所有行业都在增长。你只要选对一个行业，就像选对了一部电梯，无论你在电梯里做什么，都能随着β（赛道）的增长而高速上升。然而，当经济换挡、转向高质量发展阶段时，"电梯"停运了，你要开始爬"楼梯"了。这时，谁能爬得更快，完全取决于各自的"体能"。这时，就要向 α（个体）要增长。

为什么要讲这个？因为这次来日本，我发现大部分优秀的公司都不是依赖 β 驱动的，而是依靠 α 驱动。

比如东京迪士尼。东京迪士尼的生意越来越好，是因为孩子越来越多吗？当然不是。日本很早便经历了少子化，东京迪士尼没有"电梯"可坐，它的逆势增长来自自身准确的定位和细致到"恐怖"的服务体验。

再比如唐吉诃德。它的生意越来越好，是因为日本人越来越愿意花钱吗？当然不是。20 世纪 90 年代初，日本经济泡沫破裂，唐吉诃德也没有"电梯"可坐，它的逆势增长来自对低成本的极致追求，以及对自己足够狠的"既要，又要，还要"。

我们参访国外企业时，很容易陷入一种思维：这个"行业"好，这个"模式"先进，我们把它们复制到中国去。这依然是"找电梯"的思维。然而，我们更应该关注的是：这个"企业"很努力，它在爬楼梯时的某个"动作"非常高效，我们回去也要好好练习。

从硬件思维到软件思维

日本的经验告诉我们，未来的增长可能不是向外求，而是向内求。这就要求我们从硬件思维转向软件思维。这是我这次日本之行最大的感悟之一。

提问：中国有那么多五星级酒店，你会选择哪一家入住？我告诉你一个重要标准：选开业时间最近的。为什么？因为开业时间越近的酒店，设备越新。以前的酒店只有电源插座，后来装修的酒店增加了 USB 充电口，更新的酒店 USB 充电口变成了高速充电式的，而最新的酒店不仅提供高速 USB 充电口，还配备了 Type-C 接口。开业时间越近的酒店，设备越先进。至于服务？服务都差不多。

我们似乎不擅长比拼服务，我们更擅长比拼硬件。但问题是，我们能买到的硬件，别人也能买到。我们与别人真正的区别，应该在于买不到的东西——也就是服务。

举个例子，我这次在日本的酒店吃早餐时，前台给了我一张"占座卡"。这张卡是干什么用的呢？用来占座的。我在很多酒店吃早餐时，经常遇到这样的情况：服务员把我领到一个座位后，我把行李箱放在旁边，然后去拿食物，但等我回来时，座位已经被别人坐了，我只好重新找座位。而这家酒店则提供了一张"占座卡"，不需要服务员引导，自己找到空位后把卡插在桌上即可。

再比如，在日本 7-Eleven 便利店买瓶装饮料时，你会发现瓶盖有很多种颜色。黄色瓶盖有什么特殊含义吗？有的。它表示这瓶饮料已经被加热过了。如果你想喝热饮（比如茶或咖啡），直接拿走就可以了。

你看，这些服务并不需要昂贵的硬件支撑，关键在于是否能想到。

你可能会说，那我提供这些服务后，别人不也学会了吗？是的，有这种可能。但服务的核心是同理心，是站在对方角度不断思考。这种思考是无止境的。你的同理心有多大的边界，你的服务就有多大的可能。

最终的竞争，是"视人为人"

未来的竞争，可能不再是硬件的竞争，而是软件的竞争。而在软件的竞争中，最重要的是获胜法则是"视人为人"。

"视人为人"，这句话听起来似乎要求很低，但可悲的是，真正能做到的却少之又少。

倍乐生的陈博士与我分享，日本的养老院是绝对不能对老人有"约束行为"的。什么是"约束行为"？就是用国内称为"安全带"、日本称为"约束带"的设备，把老年人绑在座椅上或床上。为什么要绑住老年人呢？因为白天怕他们从座椅上摔下来，夜里怕他们从床上滚下来，发生危险。听起来，这种做法似乎充满了善意，但这份"善意"并没有真正"视老年人为人"。老年人只是老了，但他们并没有变傻，他们有自己的思想，有自己的情感。把一个有思想、有情感的人绑在床上，限制他们的自由，是不人道的。如果是你，你愿意吗？如果是我，我估计早就疯了。在日本，约束任何一个老年人都必须向政府报告。日本养老院有一句话："约束是为了解除约束。"如果不能提交解除约束的计划，就不能实施约束。

另外，很多人告诉我，在某些养老院，是否有孩子，在很大程度上决定了老年人的待遇。有孩子的老年人会被更好地照顾，因为养老院怕孩子找麻烦；而没有孩子的老年人，在某些养老院里活得很悲惨，因为没有"后果"。在日本，每位老年人都有监护人。如果老年人没有子女，政府会为他安排一位监护人，这位监护人会定期来养老院看望。此外，一些重大事项，养老院必须与老年人商量。这是值得我们学习的"视人为人"。

"视人为人"是每个人最终的追求，也是商业未来发展的必然方向。

在中国，"平替"和养老中藏着巨大的机会

问道全球，不是为了出去看世界，而是为了回来更好地发展中国。为期 8 天的日本游学结束了，我想说说对中国未

来商业趋势的想法。

第一,"平替"会成为时尚。

中国的商业趋势和人口结构与日本有着高度的相似性。从这一点来说,日本的"低成本悦己"和"低欲望社会"现象,有很大的概率在中国也会出现。就像"断舍离"成为流行文化一样,"平替"也可能在中国演变为一种文化现象。它将逐渐从"没钱的妥协"转变为"年轻人的时尚",从"山寨和低端"的代名词演化为"酷和先进"的象征。就像日本的优衣库、无印良品和唐吉诃德成为一种消费趋势一样。

第二,养老是少有的 β 赛道。

随着人口老龄化和少子化的加剧,奶粉、幼儿园、少儿教育等赛道会越来越窄。2016 年,中国人口的出生率达到了阶段性高峰,随后开始持续下降。这种下降趋势逐渐波及不同年龄段的产业:一开始是月子中心,然后是婴幼儿市场、幼儿园、小学,再到 K12 教育。如果把 1962 年开始的每年超过 2000 万新生儿出生的趋势称为"婴儿涨潮",那么,从 2017 年开始的每年新生儿数量持续下降,甚至跌破 1000 万的趋势,则可以称为"婴儿退潮"。到 2024 年,"婴儿退潮"已经持续了 8 年。15 年后,这一趋势将影响中考;18 年后,影响高考;22 年后,影响就业;随后受影响的是买房、结婚、生子。"婴儿退潮"所到之处,企业面临挑战。在相关行业中,企业只能依靠 α 能力(个体能力)来生存。

与此同时,养老产业正在成为一片蓝海。20 世纪 60 年代出生的"婴儿涨潮"一代陆续退休了。他们的购物、旅游、娱乐、养老需求,将成为难得的 β 赛道(行业性机会)。当然,中国商业市场还有很多其他机会,但"平替"和养老这两个领域,可能更加充满潜力。

你,准备好了吗?

第三站

问道美国西部

03

理解"不同",才能共赢

经过十几小时飞行,我与"问道全球"的30位企业家,终于抵达美国旧金山。中午落地,为了倒时差,下午我们先在旧金山逛了逛。到了晚上,我还是睡不着。我先和大家讲一讲我第一次到美国的经历吧。

你以为的"好坏",可能只是因为"不同"

我第一次飞美国是在2000年,中国加入WTO的前一年。那一年我24岁,正值本命年。当时,我什么都不懂,既激动又紧张。具体细节我已经记不清了,但有几件事至今印象深刻,比如,美国驻上海总领事馆的安保人员比美国领事还要傲慢;我特意穿了一件印有微软logo的T恤(我当时在微软工作)过海关,因为怕被海关拦下;初到美国,我睁大了眼睛,对一切都充满好奇——天啊,土地上盖着木屑,树上有松鼠,真好。

后来,因为工作的关系,我飞了很多次美国,护照也换了5本。渐渐地,我开始意识到,这些"真好"可能并不一定都是"好",而只是"不同"。

有一次,我在微软公司的园区里,从一栋大楼走向另一栋大楼去办事,突然,一辆车朝我的方向开了过来。正在过马路的我赶紧退回到路边,示意这辆车先过。但是,这辆车在离我还比较远的地方慢慢停了下来。那是一辆敞篷车,驾驶位上的司机做了个手势,示意我先过。我也做了个手势,坚持让他先过。毕竟初来乍到,我想,礼貌一点总没错。然后,你猜怎么着?那位司机当着我的面,把车熄火了。他做了个手势,静静地等我先过。那个架势的意思是:你必须先过,你要是不先过,我今天就不走了。

有一次,我和一位美国同事出差。我亲眼看见他开着车,在人行横道线前,将川流不息的过马路人群从中间一点一点逼开,然后疾驰而去。

我的天啊!我问他为什么要这么做。他无奈地说:"不然呢?这里人太多了,如果我一直在那里等,可能一天都过不了街。"

这件事让我再次深受震撼。我们用一个城市的道路总面积除以它的人口总数,就能得到城市的人均道路面积。这个数值越大，城市交通的拥挤程度往往越低；这个数值越小，城市交通的拥挤程度往往越高。原来，我以为的"好"，可能部分原因（甚至很大一部分原因）是道路资源丰富程度的"不同"。

你以为的"好"，是这样；你以为的"坏"，可能也是这样。比如，很多中国人都有一种认知：美国人数学不好。美国人数学真的不好吗？

以前每次去美国，我都会带着一份长长的购物清单，上面列满了化妆品、鱼油、电子产品等要买的东西。有一次，我走进一家购物中心，走到一个服务员面前，刚想用蹩脚的英语开口，她却直接说："Give me the list（把清单给我）。"她太熟悉大家来这里是干什么的了。服务员很快配齐了商品，对我说："92美元。"于是，我掏出一张100美元，然后又掏出两张1美元，把总共102美元给服务员，期待她找我一张10美元。我这个操作完全没问题吧？

但是，服务员却用非常疑惑的眼神看着我。她把两张1美元还给我，显然不理解为什么100美元明明已经够了，我还要多给2美元。接着，她把商品递给我，嘴里说："92美元。"然后，她给了我一张5美元，说："97美元。"接着给了我一张1美元，说："98美元。"然后又给了我一张1美元，说："99美元。"最后再给了我一张1美元，说："100美元。"

我当时震惊了：102 减去 92 等于 10，这么简单的算术，他们是不会吗？是的，他们可能真不会。因为他们小时候不学口算和珠算，甚至不少人连 7×13 等于多少都算不出来。为什么？因为他们不背九九乘法表。

请问，7×13 等于多少？口算一下，91。这不难吧？好，现在请你回忆一下，你是怎么算出来的？嗯，你是不是心里默念了一句"三七二十一"？那么，你是怎么知道三乘七等于二十一的？你可能会很惊讶：啊？这不是常识吗？

不，这不是常识。你以为的常识，其实来自你小时候背过的九九乘法表。背九九乘法表，主要是东亚地区国家的习惯。美国和许多拉丁语国家是不强制要求背九九乘法表的。一个重要原因是，汉字主要是单音节文字，每个字只有一个音节，背起来朗朗上口；而英语中有许多多音节词，背起来就没那么朗朗上口了。另一个原因是，它们的考试允许使用计算器。

所以，美国人的口算能力确实很差，但这并不是因为他们数学不好，只是因为他们没有背九九乘法表。

美国人的数学其实并不差，只是他们对数学里什么更重要的理解与我们"不同"而已。

去美国的次数越多，我越能体会到理解这种"不同"有多重要。只有深刻理解彼此文化上的"不同",我们才能真正做到"存异"后"求同",找到符合彼此利益的共赢之道。

中国和美国有太多不同

中国和美国的确有太多不同。

举个例子,每次来美国,一件让我非常头疼的事情就是换零钱,给小费。每天离开酒店时,我都要在床头放一些零钱作为小费,以前是 1 美元,现在通常是 2 美元。每天吃完晚饭后,要在账单总额上额外加上 15%～20% 作为小费。对刚来美国的中国人来说,这种做法很难理解:我不是已经付过饭钱了吗?你是喂我吃了,还是怎么地?你给了我什么服务,要收 20% 的小费?你是想钱想疯了吗?可能还真是。在美国,餐厅服务员如果没有小费,很难养活自己。

每个国家都有最低工资标准,规定任何工作的最低收入都不能低于这个法定标准。这是对劳动者的保护。但在美国,餐厅服务员被排除在最低工资标准之外。为什么?因为有小费。换句话说,在中国,你支付的饭菜钱中已经包含了服务员的工资。而在美国,你支付的饭菜钱中几乎不包含服务员的工资,他们的工资来自你根据喜好额外支付的小费。最终,钱都是你付的,只是在中国和美国支付的方式"不同"而已。

再比如，HOV 车道。

在美国的很多道路上都立着写有"HOV"的路牌，HOV 车道（High-Occupancy Vehicle Lane）指的是高承载车道，只有车内乘客达到一定数量（通常是 2 人及以上）的车辆才能使用。这是为了减少交通拥堵，降低碳排放。

可是，如何监测行驶在这条车道上的汽车里不止一个人呢？用摄像头监测吗？用图像识别吗？不，都不需要。在美国，一辆车是否符合 HOV 车道的使用条件，完全靠自觉。

很多人都会感到震惊：啊？这样不行吧？不监测的话，那不是谁都可以使用了？哪有那么多自觉的人啊！

其实，也不是纯靠自觉。交警会进行抽查，就像中国查酒驾一样。抽查的数量很少，但如果查到，就是重罚，罚款在 180～600 美元之间。这个数字足以让大部分人不敢心存侥幸。

理解了 HOV 车道的逻辑，也许你就能理解美国股市的"注册制"了。我让你上市，那是因为我信任你。审批的成本太高，信任才是成本最低的。但是，如果你违背了我的信任，就重罚你，甚至让你坐牢。

美国社会看似到处都是漏洞，但美国人却不去修补，因为补漏洞的成本太高。你不要因此心存侥幸，因为你一旦失信，代价足以让你后悔一辈子。

中国和美国有太多不同了。我们之所以在一些方面产生分歧，常常是因为一方把自己的逻辑放在了另一方的文化里。所以，彼此当然不理解对方为什么会那样做。

那怎么办？出来看看，见面聊聊。坐在家里的揣测多半都不靠谱，不如到现场寻找真正的答案。

中国人在美国会受到歧视吗？为什么美国死扛着不降息？美国真的非常乱、特别不安全吗？美国经济现在到底是好得一塌糊涂还是即将分崩离析？这些关于美国的问题的答案，大概率都在美国的现场。

2000 年，我从上海飞美国，几程航段加在一起，大约要飞将近 20 个小时。而 2024 年，我从上海飞美国，直飞只需要大约 10 个小时，快多了。2000 年飞美国，我在飞机上要填好几张入境表单，落地后还要排个把小时的队，才能在护照上盖上海关入境章。而 2024 年，我不需要填写任何入境表单，从下飞机到上出租车，20 分钟搞定，而且也没人在护照上盖章了。

去看金门大桥时，我感触很深。在各种各样的电影里，金门大桥被摧毁过无数次。比如，在《深海怪物》里，金门大桥被怪物拦腰折断；在《天地大冲撞》里，金门大桥被海啸冲垮；在《地心毁灭》中，金门大桥因地磁辐射而断裂；在《10.5级大地震》中，金门大桥被地震摧毁；在《X战警3：背水一战》中，金门大桥甚至被万磁王整个拔起。但是，在现实世界里，金门大桥从来没有真正被摧毁。只要连接不断，合作就不断。

熊熊燃烧的硅谷

硅谷是我们问道美国的第一站，从早到晚，我们先听了三家 AI 初创公司的分享，接着拜访斯坦福大学，然后向谷歌学习创新文化……一天的时间，满满的收获。这些满满的收获，在我的大脑里不断碰撞、发酵，最后汇聚成一句话：硅谷，正在熊熊燃烧。

烧钱的 AI 大模型

我在硅谷见到的第一位创业者叫 Jason，他是中国人，以前是湖南省数学培训队的成员，曾经在 Scale AI、OpenAI 和百度 AI 工作。拥有如此辉煌履历的他，今年才 24 岁，已经开始创业了。他参与创立的公司叫 Traini，专注于宠物 AI。

网上有条宠物视频非常火，你可能看过。狗主人对手机说:"旺财,亲我一下呗?"然后把手机递给了叫旺财的小狗,手机里的 app 叽里呱啦地汪了一通,旺财好像听懂了,真的亲了主人一口!这位狗主人用的能将人话翻译成狗语的手机 app 就是 Jason 的创业项目 Traini。Jason 把 Traini 称为"宠物共情 app",但网民更愿意称之为"狗语翻译器"。

我问 Jason,你们是怎么做到的? Jason 说,用 AI。狗的表情、声音、行为和它的情绪有非常直接的关系。比如,它眼睛半闭含着泪珠,表示痛苦;站立起来耳朵朝前,表示想玩;鼻孔张大肌肉紧张,表示戒备。基于这样的认识,他们研发了一个宠物共情模型"Dr.Traini",然后,收集了 10 万只狗狗的照片、声音和视频,给这些数据贴标签,把它们"喂"给"Dr.Traini",让它疯狂"刷题"。虽然现在"Dr.Traini"还做不到精准翻译,但经过海量数据的训练,它已经能比较准确地识别狗狗的心情了。

我很好奇:那这个模型的参数量一定很大吧? Jason 说,不大。通常所说的"大模型",参数量都要在 1B(10 亿)以上,OpenAI 研发的 ChatGPT 的参数量更是达到了 175B(1750 亿),而 Traini 这个模型的参数量只有 0.03B,只能算是一个"小模型"。

AI+ 的创始人 Lynn 是一位年轻的女性创业者,她的工作是用社群连接 AI 领域的专家、基金、创业者、投资人和孵化器。Lynn告诉我们，大模型是大公司的机会，因为做大模型实在是太烧钱了。如果一家公司没有"万卡"，根本没有机会上牌桌。

什么是"万卡"？我们知道，人工智能的三要素是算法、算力和数据。其中的算力，主要是依靠显卡中的GPU来实现的。"万卡"指的是一万张加速卡（如GPU）。你可能不太了解一万张加速卡是什么概念，以及这需要投入多少钱。我们以超高性能的英伟达H100为例，一万张英伟达H100 GPU的价格大约是3亿～4亿美元，也就是几十亿元人民币。对一家创业公司来说，这个价格实在是太昂贵了。

GPU、TPU等加速卡的数量，在很大程度上决定了AI大模型的能力。目前排名靠前的AI大模型，如Google的Gemini、OpenAI的ChatGPT以及Anthropic的Claude，都是通过大量的加速卡"喂"出来的。这几家公司所拥有的加速卡数量都超过一万张，有的甚至远远超过一万张。

真正的人才从不焦虑

大模型训练不仅烧钱，还很"烧人"。

在斯坦福大学的一个会议室里，AI招聘领域的初创公司Brix的首席运营官Carol给我们讲了一件在国内难以想象的事：在硅谷，优秀的AI人才不是接受HR面试，而是面试HR。

科技巨头间愈演愈烈的算力"军备竞赛"，使硅谷的AI人才从未如此稀缺。史蒂夫·乔布斯认为，一个优秀工程师抵得上50个普通工程师。而在AI领域，优秀人才的价值可能远远不止于此。今天几乎所有大模型的基础架构都是由阿希什·瓦斯瓦尼（Ashish Vaswani）、妮基·帕马（Niki Parmar）等8人开创性地在一篇叫作"Attention is All You Need"的论文里提出的。所有曾经闷头探索的人，都被这篇论文点亮，调转方向，朝着同一个未来一路狂奔。8个人，区区8个人，就改变了整个AI大模型的发展方向，这就是优秀人才的力量。

所以，优秀人才是有选择权的。他在面试的时候，会充满底气地说："谢谢你们对我感兴趣。你们已经是第5家邀请我加盟的公司了。下面，请说出你们的优势是什么？你们的愿景是什么？你们的价值观是什么？你们的薪酬中有多少是现金，多少是股票？股票的兑现条件如何？"

现在，人们常常因为"35岁失业危机"而焦虑，其实，优秀人才从不焦虑。焦虑的，是迫切需要这些优秀人才的公司。

人才自由流动，创新才能生生不息

加剧 AI 公司这种"人才焦虑"的，还有加利福尼亚州在人才制度上的一项独特之处，那就是限制竞业禁止协议。

来硅谷的前几天，我和猎豹移动公司的创始人傅盛进行了一次访谈。在访谈中，傅盛提到，他离开 360 公司后，先做了一些其他工作，直到 18 个月后，才重新进入安全领域，研发了金山毒霸软件。为什么傅盛要等 18 个月才重新进入安全领域呢？因为有竞业禁止协议。

什么是竞业禁止协议？从公司的角度来看，你是在我这里成长起来的，现在要离开了，我同意，也愿意祝福你，但是，如果你跳槽到我的竞争对手那里，或者创业直接做我的竞争对手，那就有点不合适了吧？如果你真想做，也请你先等一年。一年之后你还想做，我也不拦着你。这就是竞业禁止协议，是对老东家竞争优势的一种保护，避免离职的员工用他在老东家学到的东西来"背叛"老东家。

在全球绝大多数地方，竞业禁止协议都是合理的，而且合法。但是，硅谷不一样。"背叛"在硅谷是被鼓励的，因为硅谷的诞生，就源于 8 个从仙童半导体公司离开的"叛徒"。所以，硅谷不认可竞业禁止协议，硅谷所在的加利福尼亚州早在 1872 年就立法禁止了竞业禁止协议，2023 年，又进一步加强了对竞业禁止协议的限制。

如果保护了大公司，那谁来保护生生不息的创新？优秀的人才们，不要被什么协议给锁住，改变世界才是你们的星辰大海。创业的激情，请在硅谷熊熊燃烧。这就是硅谷的思维方式。

没有竞业禁止协议的保护，大公司该怎么办呢？只有一种选择，那就是想尽一切办法，吸引员工留下。

在硅谷参访时，我们邀请了一位谷歌的现高管为我们分享谷歌的文化。大家都听说过谷歌的OKR（目标与关键成果法），听说过谷歌的"不作恶"，以及关于谷歌的很多"江湖传闻"，但听一位谷歌的现高管现场分享，感觉是很不一样的。他分享完之后，同行的一位企业家站起来问："我们无法阻止员工从A公司跳槽到B公司，但我们是否应阻止员工从公司的A部门跳槽到B部门呢？毕竟是A部门培养了他。"

这位高管说，谷歌从不阻止员工从A部门跳槽到B部门，甚至鼓励这种流动。当一个员工有自己明确想去的地方、想做的事情时，你应该让他去，只要他能通过B部门的面试。比如，如果他非常想从搜索部门转去AI部门，而你硬是不让他去，他可能就会跳槽到别的公司去的AI部门，这样公司遭受的损失会更大。所以在谷歌，A部门的领导是没有权力阻止手下的员工换部门的。这倒逼领导要对自己的员工好。所以，在硅谷，只要你足够优秀，不管你是在公司内部，还是在公司之间，都有最大的自由。人才必须流动起来，这样，机构才有竞争力，生态才有创新力。

我接着问了一个我这次来特别想问的问题："你怎么看埃里克·施密特最近关于谷歌的言论？"

2024年8月，谷歌前CEO埃里克·施密特在斯坦福大学的一场演讲中提到谷歌在AI领域的竞争时说："谷歌为什么在AI领域输得一塌糊涂？因为谷歌觉得，让员工尽早回家和平衡工作，比赢得竞争更加重要。"这句话迅速传播，并引发轩然大波，谷歌工会站出来强烈抗议。不得已之下，施密特公开道歉，并要求斯坦福大学下架了这条视频。施密特真的认为自己错了吗？也许并没有，他可能只是不想争论。我个人斗胆猜测，他内心的真实想法可能是：唉，真是叫不醒装睡的人。算了，不在你们身上浪费时间了。

听到我的提问，那位谷歌高管犹豫了一下，说："我个人其实是同意施密特的观点的，但是，宽松文化也有它的好处，那就是能留住一些顶级的人才。那些顶级的人才不喜欢那么'卷'的工作环境。足够自由的环境，才能发挥他们的创造力。"

那么，为什么顶级的人才在那么自由的环境中却没有比

OpenAI 更早做出大模型呢？施密特在斯坦福大学的演讲中说：因为创业公司的员工在拼命工作，而谷歌的员工没有。

谁对谁错？我没在谷歌工作过，我不知道。但我想，像野草一样有生命力的小公司，不断取代动作迟缓的大公司，是这个世界生生不息的根本原因。

小公司的机会：用小模型解决具体问题

在硅谷，在那些大公司看不上、看不起，甚至没有注意到的领域，有无数小公司正在疯狂生长。它们盯着每一个可能的机会，比如人才招聘。

在参访 AI 招聘公司 Brix 时，Carol 说，现在硅谷的人才实在是太贵了，但也正是因为如此，他们才找到了创业的机会。因为中国同样优秀的工程师，用人成本只有硅谷的三分之一。

我很好奇：哦？这背后有什么机会？

Carol 告诉我们，新冠疫情期间，不少硅谷企业都开始实行远程办公。一款可以远行的奔驰车突然畅销，因为大量工程师都跑到他们心中的远方去"远程办公"了。后来，虽然疫情结束了，但是那些工程师却叫都叫不回来。Carol 说，一份调查报告显示，远程办公之后，50% 的员工效率没有下降，25% 的员工效率断崖式下跌，但还有 25% 的员工，由于对自我的要求高，效率反而大幅度上升，因为节省了上下班通勤的时间。

于是，Brix 的创业团队灵机一动：如果在招聘的时候就把这 25% 自我要求高的员工筛选出来，是不是就能使公司的效率大增呢？而且，既然都远程办公了，是不是可以直接招远在中国的、用人成本只有硅谷的三分之一的员工呢？

找到非常细分但确实使用户茶不思饭不想的真问题，就是成功的一半。Brix 的创业团队决定，用 AI 来解决这个问题。

那么，他们是怎么解决这个问题的呢？

他们发现，有些公司找不到自己想要的人，是因为它们讲不清楚自己想要什么样的人。很多创业者，甚至写不出一篇合格的招聘启事。连招聘启事都写不清楚，又怎么能吸引到匹配的人才投简历呢？ Brix 用 AI 来解决这个痛点，用户只要对 AI 说自己想要招什么样的人，AI 就会自动将其"翻译"成一份合格的招聘启事。

新的问题又来了：一些公司即使有了招聘启事，也不知道发给谁。这也好办，Brix 给人才聚集的职场社交网站 LinkedIn（领英）开发了一个插件，当用户看到 LinkedIn 上有符合自己要求的人时，Brix 就会帮用户把这个人的一级、二级、三级人脉圈里的所有人都用 AI 研究一遍，物以类聚，人以群分嘛。然后，自动给人脉圈里每个人的匹配度打分。这样，用户就能邀请相似度最高的候选人来参加面试了。

你看，这就是真正的创业者的思路。大模型是大公司的机会，创业者的机会，不是大模型，而是用小模型解决具体问题。

留给未来的时光胶囊

Carol 很年轻，硅谷的创业者似乎都很年轻。我被这些年轻的创业者深深打动了。为什么这些年轻的创业者们，能在思想上天马行空，在行动上无所畏惧？我一边在斯坦福大学的校园里散步，一边思考这个问题。

我们的导游带着我们在斯坦福大学一边走一边讲解，他告诉我们关于斯坦福大学的很多细节，比如，这是一所没有围墙的校园；某栋楼是谁捐的；化学院为什么要离主楼那么远；这所学校的第一届毕业生里产生了一任美国总统。

这些都很有意思，但真正打动我的，是斯坦福纪念教堂前的"时间胶囊"。据说，带有数字的那一块块地板砖下，是斯坦福大学创始人和后来的毕业生们埋下的"时间胶囊"。这些"时间胶囊"是什么时候埋下去的、里面的东西是什么，有很多不同版本的传说，甚至每位导游说的故事都不一样。

我们的导游告诉我们，地板砖下的"时间胶囊"是 100 年前的毕业生埋下去的，里面有各种纪念品，甚至还有风干了的比萨饼。

其实，谁也不知道这些地板砖下面是不是真的埋着"时间胶囊"，更没人知道胶囊里面是不是有比萨饼。对于这些传言，校方站出来澄清一下或者证实一下，是非常容易的，但是，校方从没有破坏过大家的想象力，任由大家的好奇心爬满校园，恣意生长。

永远不去扼杀大家的好奇心，也许，这才是硅谷能不断探索边界的原因所在。

认识 OpenAI，认识 AI

2022 年 11 月，OpenAI 发布了 ChatGPT（GPT-3.5 版本），从此这个世界彻底变了。ChatGPT 的出现，就像按下了一个"不可撤回"的开关，为人类打开了一扇从未见过的大门——整个世界为 AI 而兴奋。

在网上，我看过太多关于 OpenAI 的新闻，见过太多关于 OpenAI 的分析，我自己也根据这些新闻和分析写过不少关于 OpenAI 的思考文章。但是，说实话，我并不确定我的思考对不对。因为我从来没有和接近 OpenAI 的人有过直接的交流,我对 OpenAI 知之甚少。所以,我这次来硅谷,一个非常重要的目标,就是和接近 OpenAI 的人进行交流,最好是 OpenAI 的员工,如果是 OpenAI 的早期员工就更好了,因为他们最能理解这家公司是如何崛起的。如果能和他们深入交流一番,我相信,我的很多错误思考都可以得到纠正。幸运的是,在问道美国的第二天,我和同行的企业家朋友们一起见到了彼得·阿比尔(Pieter Abbeel)。

彼得·阿比尔是加利福尼亚大学伯克利分校的教授,也是在机器人学习领域有重要影响力的科学家,曾经担任 OpenAI 的顾问。2016 年,他全职加入 OpenAI,是 OpenAI 最早的 10 名员工之一。后来,他离职创业,与他的三名学生一起创立了人工智能公司 Covariant。和彼得的交流是一次非常难得的机会,所以,我忍不住问了很多问题,彼得很有耐心地逐一回答。很多问题的答案,和我想的果然完全不一样,让我很受启发。

我需要强调的是,这些观点是彼得的观点,并不能代表 OpenAI 官方。但是,我还是想分享给你,希望你能多听到一种可能不同也可能不对,但至少离 OpenAI 比较"近"的声音。

AI 是不是过热了

我问的第一个问题是:AI 是不是过热了?

彼得说，在他看来，AI 确实过热（hype）了。2012 年之前，他的日常工作就是回复邮件、阅读论文、教书。那时，校园外几乎没有人关心 AI 是什么，他的日子过得很清静。然而，2012 年之后，一切都变了。亚马逊的杰夫·贝佐斯邀请他讨论 AI 的潜力，微软的比尔·盖茨也邀请他探讨 AI 的可能性。仿佛一夜之间，所有人都在谈论 AI 是什么、能做什么。从这个角度来看，AI 确实过热了。

但也许，AI 并没有真正过热，因为 AI 并不需要这种"热度"。如果你设计了一款虚拟货币，它没有"热度"，没有人使用，它就会不复存在。如果你开发了一款社交软件，它没有"热度"，没有人使用，那么它会消失。然而，如果有人说 AI 过热，选择不去使用它，那么没关系，不用就好了，AI 的价值丝毫不受影响。但他们的生产力将会落后于那些继续使用 AI 的人，最终他们将被淘汰。这就是 AI 的魅力所在——它的价值不依赖于他人的认可。

AI 的热度只会越来越高。而这一切，都始于 2012 年。

为什么 AI 的火热是从 2012 年开始的

我很好奇：为什么是 2012 年？

彼得分享了关于 AI 的两个重要的时间点。

第一个时间点是 1956 年。这一年，一些数学家和计算机科学家聚集在达特茅斯学院召开研讨会，讨论未来的计算机能否像人类一样聪明。他们中的几个人后来获得了图灵奖和诺贝尔经济学奖。在达特茅斯会议上，与会者首次把这种想象中的"机器智能"正式命名为人工智能（artificial intelligence，AI）。因此，1956 年，也被称为人工智能元年。

第二个时间点就是 2012 年。从 1956 年到 2012 年，AI 的进展用三个字来概括就是"没进展"。AI 的研究比想象中难太多了，大家尝试了很多方向，但都举步维艰。直到 2012 年，一切才发生了变化。这一年，AlexNet 横空出世。三位杰出的科学家用卷积神经网络技术，让 AI 对猫狗照片的识别率实现突破性进展。这三位杰出的科学家，除了亚历克斯·克里切夫斯基（Alex Krizhevsky）之外，一位是谷歌前副总裁、深度学习之父杰弗里·辛顿（Geoffrey Hinton），还有一位就是后来成为 OpenAI 联合创始人的伊尔亚·苏茨克维（Ilya Sutskever）。他们为人工智能找到了正确的道路。之后，就是与规模有关的事了，参数规模、数据规模，等等。

AI 学习数据的知识产权到底属于谁

参数规模很重要，数据规模也很重要，我深以为然，但是，一个疑问浮上我的心头：AI 所学习的大规模数据的知识产权应该归谁呢？

彼得告诉我们，2023年，《纽约时报》起诉OpenAI及其投资方微软，因为OpenAI未经授权使用了其数百万篇文章来训练AI大模型。《纽约时报》要求赔偿，并销毁使用了其文章的AI模型和训练数据。彼得认为，这个指控是有道理的。AI学习对方的数据，应该获得对方的同意。如果利用以这些数据训练的AI大模型赚到了钱，也应该分给内容创作者。

为什么？你花100美元买了一本书，由于学习了这本书里的知识而赚了钱，是不用把钱分给这本书的作者的，因为你已经付过买书的钱了。像你这样的人，可能有1000人、1万人甚至100万人，每人付100美元，这位作者就能养活自己，然后继续创造更有价值的知识。但是，AI不一样。AI学完这本书之后，很可能全人类就不用学了，他们只要问AI就行了。也就是说，理论上，一本书的作者未来可能只有一位读者，那就是AI。因此，这位作者写一本书，就只能赚到100美元。100美元养不活一位作者，于是，人类将会失去创造知识的动力。也因此，AI将再无知识可学。

所以，在彼得看来，AI大模型应该给《纽约时报》分钱，给每一位内容创作者分钱。但是，今天AI大模型还没有建立起分配机制，无法算清楚每一条收费的回答中有多大比例使用了哪些内容创作者的知识。假如这套机制被创造出来，也可能会因为过于复杂,用 2 美分的计算成本分给作者 1 美分的内容收益,得不偿失。但是,AI 大模型和内容创作者之间的关系确实是未来需要解决的一个问题。

理解了这一点,我们就能理解为什么虽然谷歌也抓取了《纽约时报》的内容,但《纽约时报》起诉了 OpenAI 却不起诉谷歌了。

谷歌是搜索引擎,搜索引擎的工作原理,是先抓取整个互联网的内容(当然包括《纽约时报》),然后分析其中的关键词,以供用户快速搜索。《纽约时报》没有起诉谷歌,是因为谷歌是一个流量生成器(traffic generator)。用户在谷歌上搜索一个主题,会显示很多文章链接,可能其中一篇文章来自《纽约时报》,用户很感兴趣,于是点进去在《纽约时报》的网站上阅读了整篇文章。谷歌生成了流量,然后转手送给了《纽约时报》。用户在看完《纽约时报》文章的同时,也看完了《纽约时报》上的广告,《纽约时报》赚到了钱。

但是,OpenAI 不是流量生成器。因为 OpenAI 给用户提供内容时,并不会把用户引导回这个内容的源头,创造内容的人做出了贡献却得不到回报。与此同时,OpenAI 以及其他 AI 大模型却因此而获益。所以,《纽约时报》会起诉 OpenAI,却不会起诉谷歌。

AI 获得突破性进展的阻力在于什么

AI 获得突破性进展的阻力到底有哪些,是我非常关注的一个问题。彼得告诉我,这主要取决于三个要素:算法、算力和数据。

首先说算法。2017 年,谷歌提出了名为 Transformer 的模型架构,这是今天大模型的基础,也是 ChatGPT 里的"T"。Transformer 模型被证明是非常高效的算法架构,但是,在彼得看来,它却不一定是最高效的,在某个地方,一定有比 Transformer 更高效的模型。

再说算力。今天的 AI,需要太多的算力,也因此需要太多算力背后的电力,也就是能源。马斯克说,人类的大脑,功率只有 20 瓦,但是 AI 大模型的功率却几万甚至几十万倍于人脑。那么,是否可能有一天我们的 AI 不是基于"硅"来计算,而是基于类似于人脑的"化学反应"来计算?规模已经被证明是有用的,所以,把规模做大是有确定的结果的。但是,从 0 到 1 研究基于"化学反应"的计算,结果完全不确定,所以没有什么人做。

最后,数据也很重要。今天我们用的所有数据,都是人类"写下来"的,认真想想,人类是不是要先做很多的思考才能写下一些结论? AI 没有看到我们的思考过程,只看到了我们的思考结果。所以，也许只有人类把所有思考的过程都写下来或者说出来，AI才能根据这些数据，具备真正的推理能力。所以，我们的数据看上去是巨量的，但实际上缺失了非常大的一部分。⊖

算法、算力、数据……彼得所说的观点，让我脑洞大开，一下子打开了思维的疆界。不管这个世界怎么变，我们要做的都是努力去理解变化，适应变化，拥抱变化，最终善用变化。

今天的 VR，需要真正的杀手级应用

参访美国的第四天，我们深度调研了 VR（虚拟现实）行业。这一天，我们对 VR 设备的了解更深刻了。

AI 是个数学问题，VR 是个物理问题

上午，我们拜访了一位在 Meta 工作的中国小伙子。一见到他，我就忍不住问他：Meta 的元宇宙到底做得怎么样了？

Meta 就是曾经的 Facebook（脸书），它的创始人马克·扎克伯格为了表示自己 all-in（全力投入）元宇宙（Metaverse）的决心，把公司的名字都改成 Meta 了，真是生动演绎了什么

⊖ 这篇文章写于 2024 年 9 月问道美国西部途中，与此同时，能帮助大语言模型显示推理过程的思维链（CoT）已成为 AI 领域的重要工具。

叫"破釜沉舟"。

看来，扎克伯格誓要在Facebook的船沉之前上元宇宙的岸。但是，进展怎么样呢？

小伙子说，进展不怎么样，因为VR比预想的要难得多。拿现在很火的AI来做对比：AI的难度，是数学问题；而VR的难度，是物理问题。

怎么理解呢？小伙子告诉我们，AI模型做出来之后，接下来就主要靠堆算力了，1万张GPU跑不出来，那就买10万张；10万张GPU跑不出来，那就买100万张。只要英伟达能供给你，这个模型总能跑出来。这是一个数学计算量的问题。

但VR不一样，它是一个物理问题。你要想办法把VR设备的"光机"做小，要想办法把"显示屏"的分辨率做高，要想办法把整个眼镜的重量做轻，要想办法把电池的容量做大。每一个问题都是物理问题，而所有物理问题都有理论极限。向物理极限前进哪怕一小步，都非常难。这些难，甚至会出现在一些你想象不到的地方。比如，今天的VR眼镜对长头发女生很不友好，她们很难将它绑紧。对化了妆的女性就更不友好了，紧紧绑在脸上，很容易把妆弄花。你说，男工程师们能轻易想到这些吗？

关于研发 VR 设备的难，小伙子还给我们举了一个极端的例子——AI Pin。

你或许听说过 AI Pin，有一段时间，在中文互联网世界里，它非常火爆，有人甚至说它牛到能取代 iPhone。AI Pin 是一个带摄像头的能像胸针一样别在衣服上的小设备，它能看到你所看到的一切，听到你所听到的一切。而且，你还可以用语音和它交流。当然，如果你不喜欢用语音，AI Pin 会利用激光投影将显示界面投射到你的手心上，你可以用手势和它交流。它能做你的翻译、虚拟助手，帮你解决很多问题。

在它上市之前，人们都惊呼它"太酷了"，迫不及待地想要拥有。但一上市，它就收获了来自四面八方的怒骂。原因在于，它的使用效果远不如预期。比如，在稍微强一点儿的阳光下，AI Pin 投射在手心上的显示界面就完全看不见了；激光投影使用几分钟之后，AI Pin 就会因为过热而自动关机；就算没有关机，你问它 49 的平方根是多少等问题，它的回答也错误百出。于是，大家纷纷退货。据说，在很长一段时间内，AI Pin 每天的退货量超过了当天的销量。

所以，想要做一款完美的硬件产品，实在是太难了。

其实，做硬件产品就是这样。我们总想一鸣惊人，但物理定律会不断抽打我们骄傲的脸，直到你"已老实"，然后，遵循物理定律，一步一个脚印稳步前进。

硬件创业的正途：简单、直击痛点，做出杀手级应用

既然"大干快上"是不行的，那该怎么办呢？小伙子说，他们开始尝试不那么激进的方式。或许，在当前的理论极限内，巧妙地解决真正的痛点，才是硬件创业的正途。

他们研发的雷朋 Meta 智能眼镜就是一个典型的案例。雷朋（Ray-Ban）是全球知名的眼镜品牌，它和 Meta 联名推出了这款智能眼镜。它不是 VR 眼镜，也不像 AI Pin 那么酷。但是，这款智能眼镜却卖爆了。

为什么一副不酷的眼镜能卖爆？因为它特别简单，而且非常实用。

雷朋 Meta 智能眼镜最大的作用，是拍照和拍视频。我戴上它体验的时候，轻轻按了一下镜腿上的按钮，灯光一闪，就拍了一张照片。而长按镜腿上的按钮，则是拍视频。除此之外，它的镜腿上有蓝牙音箱，能听音乐，还能打电话。

说实话，它的功能真的不多，镜片上没有酷酷的屏显，镜腿上也没有帅帅的投影。可是，一副智能眼镜为什么一定要有这些功能呢？我们不是有手机吗？连上手机，这些功能都能实现，为什么非要难为眼镜呢？

雷朋 Meta 智能眼镜的设计初衷就是不要大而全。研发者希望"赋能"手机，而不是"取代"手机。

简单、直击痛点，就是好产品，而好产品往往能得到市场的认可。上市后仅三个季度，雷朋 Meta 智能眼镜的销量就超过了 100 万台，并且经常处于缺货状态。

凭借直击痛点获得用户喜爱的不只是雷朋 Meta 智能眼镜，还有 Plaud Note。

Plaud Note 是深圳一家创业公司研发的产品，它长得有点像充电宝，但比充电宝轻薄很多，可以"啪"地一下吸在 iPhone 的后面。

那它的功能是什么？简单来说，它是一款录音机。大家都知道，iPhone 是没有通话录音功能的，这给很多人带来了不便，而 Plaud Note 很好地解决了这个痛点。那些需要录音的用户可以把这个几乎无感的设备吸在 iPhone 背后，它能利用精密的双麦克风以及 AI 音频处理算法降噪，获得清晰的通话录音，并通过 OpenAI 的语音识别模型 Whisper 把录音转化为文本，并配上时间轴，再用 ChatGPT 生成结构化笔记、思维导图和待办事项。整个过程，全自动完成。

Plaud Note 在上市后较短的时间内就卖出了超过 20 万台。

很多人都感慨硬件创业难于上青天,但如果你能把硬件"磨成针",直击痛点,然后做出杀手级应用,又何愁不成功?

什么是杀手级应用(killer app)?它们不是用户购买硬件(手机、眼镜、平板电脑等)后随意安装的普通应用,而是那些具有不可替代价值的应用——它们强大到让用户愿意专门为这一款应用而购买硬件。

最典型的杀手级应用是《黑神话:悟空》游戏。很多玩家原本没有索尼的游戏机,但是,由于太喜欢这款游戏,为了追求最好的效果,他们愿意花几千块购买索尼 PS5,因为 PS5 的硬件性能能带来最好的《黑神话:悟空》游戏体验。

微软的 Windows 3.1 操作系统刚推出时,系统内置的游戏《扫雷》爆火。很多用户为了玩《扫雷》而购买 Windows 操作系统。

iPhone 4 刚上市时,最火的游戏是《水果忍者》(切水果游戏),很多用户买 iPhone 就是为了玩《水果忍者》。因为 iPhone 是最早成功推广手指触控交互的智能手机,《水果忍者》这款游戏,用手指操控能得更高的分。

《扫雷》和《水果忍者》,都属于杀手级应用。

今天的 VR 设备,除了"巨幕电影",还没有出现真正的杀手级应用。

如果你要创业,也许更应该朝这些方向努力。

在硅谷,创业是一种生活方式

小伙子的分享让我们收获满满,认认真真地感谢了他之后,我们转场来到了著名的投资机构 Plug and Play(璞跃)。

硅谷之所以会有大量的创业者,其中一个非常重要的原因,是硅谷有大量的投资人。创业者和投资人,是科技进步的一体两面,缺一不可。

来自 Plug and Play 的 Jeff 接待了我们,我问了他很多问题,借此对硅谷的投资进行了深入了解。

硅谷没有个人无限连带责任

我问 Jeff 的第一个问题是,硅谷的投资协议中有没有"回购条款"?

什么是"回购条款"?我曾经专门写过一篇文章讲这个源自美国的交易模式。很多地区的创业公司和风险投资机构签订的投资协议中,普遍包含"回购条款",根据这一条款,如果公司不能如期上市(或者以其他方式退出),就要连本带息（一般是 8% 的年息）回购投资款。如果公司的钱不够，创始人要动用个人资产。我很想了解，硅谷的投资人是不是也会用类似的方式来保护自己的投资。

Jeff 斩钉截铁地摇头："没有，至少我们没有。"他说，这本来就是风险投资，风险投资成功了可以获得巨额收益。比如有个项目，他们公司投资了不到 5 万美元，最后获益几千万美元退出，大赚了一笔。既然你可以享受成功的收益，那你就必须承担失败的风险。投资，靠的是眼光，而不是明股实债。

Jeff 告诉我们，在他们公司，项目的投后联系率是 50% 左右。所谓投后联系率，就是投完钱之后还能联系得上创始人的可能性。50% 的投后联系率意味着他们投资的人中，有一半最后都联系不上了。这就是风险投资，失败是再正常不过的事情了。

Jeff 说，其实创业者大都非常在乎自己的信用。虽然有 50% 的人联系不上了，但那大概率是因为他们创业失败了，而不是卷款跑路了。

关于信用，Jeff 讲了一件事。美国大学的申请季是每年年底，很多大学扎堆接受申请，但是，有些大学会有"早申请"政策。对学生来说，这是一个提前申请的机会。在这些提供提前申请机会的大学中，有一部分会规定，一旦被录取，必须如期报到，不能因为后来又申请了更好的学校就爽约。它们的逻辑很简单：我给你提前量，你给我确定性。

有的人可能会想：管它呢，我先提前申请哥伦比亚大学保底，然后继续申请哈佛大学。如果哈佛大学真的给了我 offer，我就去哈佛大学。我不去哥伦比亚大学，它能拿我怎么样？

可是，你知道吗？在这种情况下，哈佛大学也不会录取他，无论他多么优秀。因为他不遵守自己的承诺，他的信用破产了。

创业者和投资人，就像学生和学校，只有保持信用，才能彼此增益，而不是相互伤害。

硅谷没有投资财务顾问

我感叹：这样的投资环境太好了！我问 Jeff，我通过什么样的投资财务顾问（FA），才能找到好的投资人呢？

在国内的风险投资中，投资财务顾问的角色非常流行。他们通常代表创业者寻找投资人，说服投资人。但 Jeff 告诉我，硅谷没有投资财务顾问。

硅谷很小，但投资机构却足足有二三百家，它们中有很多甚至就在同一条街上，创业者要想找到投资人是很容易的。

在这种环境下,如果一个创业者还是不知道怎么找到投资人,那说明他缺乏解决问题的能力,并不适合创业。

而且,创业者不亲自拜访投资人,通过投资财务顾问来和投资人谈,是对投资人极大的不尊重。不管创业者有多忙,如果他都抽不出 2 小时和投资人见面,说明他根本不重视融资这件事。

实际上,在硅谷,如果你是优秀的创业者,即使你不出去找投资人,投资人也会找到你。正因为如此,硅谷才有欣欣向荣的创业氛围。

在硅谷,创业就像看电影一样平常

Jeff 的话,让我想起了我在加利福尼亚大学伯克利分校见到的一些同学。

因为是第一次去加利福尼亚大学伯克利分校,所以我们请了几位在那里读书的中国学生做向导。我们一边在校园里走,一边聊天。

这几位同学,有的是学数学的,有的是学计算机的,还有的是学材料科学的,但当我问起他们毕业之后想做什么时,几乎每个人都异口同声地说:创业。其中一位女同学说:"其实不用等到毕业,我已经在创业了。我申请了延迟一年毕业,现在时间主要用于经营两家自己的公司。"

我一惊。

创业这件事，在这些同学的口中，就像是去看个电影一样，完全不像是什么重大决定。

Jeff 说，在硅谷，你注册一家公司可能只需要 5 分钟。5 分钟前你突发奇想，5 分钟后你就创业了。

在硅谷，创业就是一种自然而然的生活方式。

再别硅谷

坐在从旧金山飞往墨西哥城的飞机上，我望着舷窗之外，开始回顾这次的美国之行，尤其是在硅谷这几天的经历。

其实，过去 20 多年，因为工作的关系，我去过美国不少次。上一次去美国，是在 2019 年，也去了硅谷。但这一次和上一次的感受非常不一样。上一次离开硅谷，带走的是对科技纯粹的兴奋。而这一次"再别硅谷"，感受要复杂得多，甚至有种恍若隔世的感觉。

"车窗被砸了，我先处理一下"

先说不好的部分。

这次去硅谷,王建硕正好也在。建硕是我在微软时最敬佩的 20 个人之一,也是我 20 多年的好朋友,好到什么程度?这么说吧,他的婚礼是我主持的。所以,他看到我的朋友圈知道我到了硅谷,马上发信息约我见一面,我立刻说:"好啊。明早我们在 Q Bay,一起来吧。"

第二天早上,我到了 Q Bay,建硕还没到,但他的消息到了:"车窗被砸了,我先处理一下,晚点过去。"

我震惊了:啊?!车窗被砸了?第一天到旧金山,在金门大桥下面看到一块牌子提醒大家可能会有人砸窗。我没在意。第三天到硅谷,吴军老师请我吃饭,进了饭店,告知服务员我们有订位后,餐厅服务员说的第一句话不是"欢迎光临",而是"确认车里没有贵重物品吧"。我也没在意。因为我总觉得,不会真的发生这样的事情吧。谁知道,第五天,砸窗的事情真的发生了。

我问建硕:"没事吧?"他告诉我,这不是大事,处理的警察说,他一个人这几个月处理了 100 多起砸窗事件了。

人没事就好,我暗暗感慨。不过,这让我想起了和吴军老师吃饭时他给我讲的一个故事。

那天吃完饭,吴军老师说要送我回去,我赶紧说:"不用不用,我自己叫辆 Waymo 回去,已经耽误你这么长时间了。"他说:"大晚上的,你又不熟悉路,还是我送你吧,这样安全。"我笑了笑,说:"没关系,我不怕。我一个打七个,实在打不过,我就跑,我跑得快。"

吴军老师看我这么乐观,给我讲了一个故事,这个故事是他的一个警察朋友告诉他的。

有一天晚上,一对瑞典情侣在美国某大学校园里散步。这时,一辆警车停在了这对情侣面前。警察问他们在做什么,这对情侣诧异地说:"我们在散步啊。"警察说:"你们知不知道你们在干什么?我穿着警服,别着枪,还坐在警车里,我都有点害怕。你们居然敢就这样在路上散步?你们胆子也太大了。你们住哪里?走,我送你们回去。"

别人讲这些故事,我就当段子听,但这是吴军老师讲的,我心里不由得一惊,然后乖乖上了他的车。我坐在车里想,美国这是怎么了?还是中国好。

是啊,美国这是怎么了?这个问题我问了很多人,他们告诉我,在美国,砸车窗、"零元购",这些问题越来越严重了。

我又问,那怎么办呢?他们都说:"没办法。"

"把中国资本清退,我们才会投资"

"没办法"的问题还不只这些,还有很多,比如投资。

在拜访一位硅谷投资人的时候，我问他，中国资本可不可以投资硅谷 AI 项目？他告诉我，有点难。

他说"有点难"时的语气，不太像是"有点难"，更像是"比登天还难"。为什么呢？因为大家怕这些 AI 项目因为有中国资本的参与而受到美国政府不必要的审查、限制甚至处罚，导致最终无法在美国退出（并购或者上市）。所以，如果一个项目的早期投资里有中国资本，后面的投资人可能会要求创业者先把中国资本清退，然后才会投资，这个过程被叫作"洗白"，"白"是白人的"白"。

可是，如果创业者一定要拿中国资本的钱呢？也可以。但他最好一开始就想清楚最后回中国退出的路径。无论是"洗白"还是最后回中国退出，走哪条路都可以，但是这两条路越来越不交叉。

创业自由与创新激励

我惊呼：天啊！资本市场还被人为割裂。这对中国人也太不友好了吧？那硅谷 AI 界的华人应该很少吧？

那位硅谷投资人说："你错了。"

他给我提供了一些数据：美国一共有大约 3.3 亿人口，其中华人占比约为 1.6%。硅谷一共有 300 万～400 万人，在这里工作和生活的华人有 70 万～80 万人，占比约 20%。全美华人占比 1.6%，硅谷华人占比 20%，显然，硅谷华人的密度更高。

确实，这几天我们见到很多华人。那位投资人又说："这几天你们见到的华人多，不只是因为你们在硅谷，更是因为你们着重看的是 AI 行业。你知道在硅谷的 AI 行业，中国人占比有多少吗？超过 40%。"

恰恰是被美国"小院高墙"严格限制的 AI 行业，华人最多，这听上去非常让人费解。为什么这里这么不安全，有这么多限制，这些华人还要留在这里创业？我想，这个地方的创业环境一定有吸引人的地方。这些地方是什么呢？我没有答案。我只有一些零零星星的感受，分享给大家。

比如，在硅谷我才真正认识到，原来创业可以不用承担个人无限连带责任。在中国，如果"回购条款"被滥用，而且创业者没有规避法律风险的意识，那么一些签署了该条款的创业者在创业失败后就要用个人资产来还钱。但是，创业者要是有钱，还融什么资啊。很多创业者，即使砸锅卖铁，也还不上风险投资的钱，于是，一些创业者变成了"老赖"，从此不能坐飞机、高铁，这样的限制使他们在今天的中国几乎寸步难行。但在硅谷，创业者获得了风险不穿透到个人的安全感，这使他们更有勇气去冒险。AI+ 的 Lynn 告诉我，硅谷有很多创业者，但投资人更多。甚至很多在大厂工作的高管，也会拿出十几二十万美元，投资一些身边的项目。对他们来说，成功了就当"投资"，失败了就当"天使"。或许，这才是创新喷涌而出的源泉。

再比如，探访加利福尼亚大学伯克利分校和斯坦福大学，让我切切实实地感受到，保护创新最好的办法，是让创新者获利。

加利福尼亚大学伯克利分校有 7 个专用停车位，这些停车位不属于校长，不属于捐赠者，也不属于 EMBA 学员，而是诺贝尔奖获得者专用的。这个停车位的"利益"可能很小，但是"荣誉"很大。国内的大部分大学或许没有诺贝尔奖获得者，但是，我们有国际论文作者啊，也许可以把所有"行政停车位"都换成"30 篇《科学》杂志论文作者专用停车位"。在公司里，也可以让总监、副总裁们把停车位让出来，给那些为公司发明专利技术的员工。

当然，只有荣誉是不够的，还需要给创新者真正的利益。斯坦福大学有一个机构，叫作 OTL（Office of Technology Licensing，技术许可办公室）。实验室成员研究 AI，研究算法，研究材料，研究蛋白质……一旦有发明成果，就申请为专利，然后交给 OTL。很多企业与 OTL 保持密切的沟通，一旦它们用商业的眼光发现了一项专利的经济价值，就会出钱将其买走。收到这笔钱后，OTL 会先扣掉 15% 左右，用于覆盖专利和许可的成本，剩余收益则按以下比例分配：1/3 给发明人，1/3 给发明人所属的实验室或部门，1/3 给大学。如果科学家的主要收入来自专利转让，而不是国家经费，你猜他们是会花更多时间搞科研呢，还是花更多时间写报告呢？有了这样的机制，科学家只需要醉心于研究就好了。只要他的研究有价值，钱就会自己流进来。当然，这个创新机制之所以能运转起来，源于对知识产权的充分尊重。

学习美国，是为了中国

这次参访，非常忙碌，甚至忙到没有足够的时间睡觉。我们的向导说："没想到，你们真是来学习的。"他说，他以前接待的很多团，都是晚上娱乐、白天睡觉，主要是来玩的。我们真的是来学习的，不过，我们来美国学习的目的，不是为了美国，而是为了中国。

很多年前，我们国家做了一件事情，那就是"以市场换技术"。20 世纪 80 年代起，IBM、惠普、微软等美国科技公司陆续进入中国。当时这些公司在中国除了销售产品，还设立了研发部门。比如微软 1992 年进入中国时，不仅成立了负责市场销售的微软（中国）有限公司，还在中国建立了微软（中国）研发中心和微软亚太研发集团等科研单位。微软的目的，也许是降低研发成本，但这些科研机构在中国长期运营的结果，是为我们培养了一大批科技人才。今天你所知道的中国的 AI 力量，尤其是早期那批企业，如旷视科技、商汤科技等，相当比例的人才都来自微软。

我们用市场换技术，然后认真学习别人的技术，在 AI 市场的竞争中坐上了主桌。今天，我们一样要坚持学习，不要故步自封。向对手学习者，智；故步自封者，卒。

第四站

问道墨西哥

04

安全是到墨西哥的第一课

结束了对美国西部为期 5 天的参访后,我们抵达了"问道全球"的第四站——墨西哥。谁知道,第一天,我就见识到了一个坐在中国办公室里难以想象的墨西哥。有一个瞬间,我甚至在想:还参什么访,直接回国吧!

你一定很好奇:到底哪里难以想象呢?

我们就从本地向导的第一句话开始说起吧。

注意安全,一定要注意安全

抵达墨西哥后,本地向导一见到我们,就对我们说:"注意安全!一定要注意安全!"她告诉我们,这是来墨西哥第一重要的事。

此话不虚,果然,在参访的第一天早上,我们的向导就在来酒店的路上被人抢了。她说,有人抢她的包,她奋力夺回，结果包带被拉断了。她给我们展示那断掉的包带，然后反复强调纪律："千万不要单独出门！所有东西随时看好！丢了是一定找不回来的！"越说越激动。

到了参访的中国企业，我问那里的中国员工：墨西哥真的这么不安全吗？他们说，真的，注意安全是出海到墨西哥的第一课。而且，在街上抢你的，大都是一些小混混，是2C（面向个人）的犯罪分子，没那么危险。真正危险的，是那些2B（面向企业）的犯罪分子。

我蒙了：啊？犯罪分子还有2B的？

他们点点头，说：是的。我们在墨西哥的仓库门口常常有人蹲点。这些人是有组织的，看到装满手机的卡车出来，就蜂拥而上，一抢而空。所以，我们出大货时，常常要安排装甲车押运。

听到这里，我默默地打开了携程，开始查回国的最早一班航班是什么时候，机票多少钱。

要习惯长在血管壁上的毒枭

在墨西哥，还有比抢劫更可怕的，那就是毒枭。

很多人都是通过电影了解到墨西哥有很多毒枭的，问你一个问题：如果墨西哥政府打击毒枭，民众会支持政府还是支持毒枭？

答案可能会让你大吃一惊：一部分当地民众会支持毒枭。因为毒枭和当地民众，尤其是种植毒品原植物的农民，已经形成了一种相互依存的生态。某些毒枭甚至在当地扮演着"影子政府"的角色，管理着当地的一切。比如，新冠疫情期间，有些毒枭就主动给当地民众发钱，照顾患者，帮助大家渡过难关。

再问你一个问题：墨西哥的毒枭这么猖獗，那么，是墨西哥人吸毒更严重，还是美国人吸毒更严重？

答案仍然会让你大吃一惊：美国人吸毒更严重。墨西哥的吸毒率，其实比美国低。

墨西哥是世界上主要的毒品生产和贩运国之一，墨西哥的毒品大部分流向美国市场。然后，墨西哥毒枭用在美国贩毒赚来的钱从美国购买枪支，走私回墨西哥。虽然墨西哥政府不停地打击毒枭，但收效甚微。警车正在前面追毒枭，后面一架毒枭的武装直升机飞起来向警车射击，这样的场景是身处中国的创业者和企业家们难以想象的。

毒枭已经像动脉粥样斑块一样，牢牢地长在了墨西哥经济的血管壁上，刮都刮不干净。2018年，时任墨西哥总统洛佩斯·奥夫拉多尔甚至提出了"拥抱而非子弹"（hugs not bullets）的策略。

在口袋里准备 20 美元，基本能消灾

身在墨西哥，要习惯抢劫和毒枭的存在。那么，怎么习惯？

对个人来说，要做好自我防护。小混混们通常图财不害命，所以，在口袋里准备 20 美元，基本上是能消灾的。你不能一分钱都没有，这样很可能会使他们恼羞成怒；但你也不能带太多现金，那样他们可能就要带你去取款机了，无论哪种情况，都会使你陷于危险之中。还有一些小混混会抢手机去卖钱，你可以在口袋里放一个不值钱的旧手机，有人让你把手机掏出来的时候，就把这个旧手机给他。

对企业来说，一定要做好安保工作。在户外经营时，一般要增加 5% 左右的安保预算。风险较大的活动，要请保镖。另外，要注意保护好员工，提醒员工不要去毒枭活动的区域。

风浪越大，鱼越贵

墨西哥这么不安全，那么，这里的营商环境怎么样呢？

理解营商环境的第一步，是理解当地政府

墨西哥的执政党是墨西哥国家复兴运动党（MORENA），已连续执政多年，墨西哥的政局是相对比较稳定的，这有利于企业经营。

墨西哥国家复兴运动党的核心理念是：打击贪腐，去资本化，保护国企，产业干预，消除贫困，重视普惠民生。这些核心理念，你可以反着听：打击贪腐，说明墨西哥政府的贪腐很严重；去资本化，说明墨西哥经济被资本把控得很严重；消除贫困，说明墨西哥国民的贫困问题非常严重……

说到这里，我不由得感慨：墨西哥政府真不容易，一边打击毒枭，一边对抗资本，一边与内部的腐败分子做斗争，一边还要努力解决贫困问题。为此，墨西哥前总统洛佩斯决定卖掉总统专机，以表明自己节俭和反腐的立场。专机标价1.3亿美元，但一直没找到买家，最后，墨西哥政府只好把总统专机租出去，用于婚礼、生日聚会等私人活动，以赚取租金来维护飞机。

贫困孕育出墨西哥独特的消费行为

连总统专机都无力维护，可见，墨西哥的经济真的很困难，与之相对应的，是墨西哥严重的贫困问题。这个国家有一半以上的人生活在贫困线以下，在这些人中，有7.7%的人极度贫困。这导致墨西哥消费者的行为和其他地方的消费者很不一样。

在墨西哥经营的企业，尤其是零售企业，会感受到非常明显的"律动"——每到周末，销量就大涨，到工作日就开始下降，下个周末再大涨，然后又开始下降，就像心跳一样。

这是因为，大部分墨西哥人是没有积蓄的，手停口停，他们的消费完全依赖于当下的工资，而在墨西哥，工资不是按月发的，而是按周（或者 2 周）发的，所以，每个发工资后的周末，是墨西哥人花钱的时候，也是生意最好做的时候。

那一周中的其他天，生意怎么做呢？墨西哥的零售企业会让消费者先把商品带走，等到下一次发工资的时候再支付。这就是小额信贷。墨西哥的小额信贷非常发达，几乎所有大型零售企业都有自己的关联银行或者小额信贷公司。小额信贷的周利率很高，有的甚至高达 7%～8%。这导致墨西哥的穷人要向小额信贷公司支付高昂的利息，他们的生活因此变得更加贫困。

墨西哥对劳动者的保护非常到位

当然，墨西哥政府并没有对此坐视不顾，它出台了很多政策来保护底层劳动者。

第一，墨西哥没有"低绩效解雇"。在一些国家，如果员工绩效太低无法胜任工作，并且在换岗培训后也没有进步，企业有权将其合法解雇。但在墨西哥，绩效低不能成为企业解雇员工的理由。

第二，墨西哥严格限制加班。员工在下班后有"失联权"。如果真的需要加班,一次不允许超过 3 小时,一周不允许超过 3 次。墨西哥严禁剥削员工,如果企业被判定"劳动剥削",雇主有可能被判处 3~10 年的监禁。

第三,墨西哥有 PTU 分红要求。PTU 分红指的是利润分享支付,《墨西哥合众国宪法》和《联邦劳动法》规定,在墨西哥经营的企业需要留出 10% 的利润给员工分红。这个分红不是奖金,与业绩无关,只与员工的工资和工龄有关。

总之,墨西哥法律的天平向劳动者一方极限倾斜,对员工的保护非常到位。

除了理解这些之外,到墨西哥经营,你还要理解一个概念:墨化率。墨西哥的"墨化率"要求是 90%,也就是说,10 个员工中要有 9 个墨西哥员工,这极大地保障了墨西哥人的就业率。

墨西哥还规定企业的主营业务不能雇用外包员工。在墨西哥人看来,用外包员工就是为了降低用工成本,就是对员工实施同工不同酬。所以,要么就雇正式员工,要么就别雇,不允许用外包的方式"钻空子"。

看到这里,你是不是热泪盈眶,突然很想去到网上查一查墨西哥的工作签证怎么办了?

墨西哥对企业的要求非常严格

"甘蔗没有两头甜",墨西哥法律的天平向劳动者一方极限倾斜,就意味着对企业的要求非常严格。

因为历史原因,墨西哥实行的是每周 6 天工作日制,实际上,很多企业每周都只工作 5 天。同样因为历史原因,墨西哥每年只有 6 天法定假日(正在增加到 12 天),如果法定假日是在周日,则不补假,但大部分企业都会顺延一天假期。这样算下来,在墨西哥的用工成本并不低。

除了用工成本,在墨西哥的纳税成本也较高,尤其是"二次税审"。什么是二次税审?简单来说,就是企业交完税后的若干年,政府还会再对它倒查一次。只要被政府认为不合规,就要补税。在墨西哥的总税收中,二次税审带来的税收占比大约 20%,相当可观。

很多外资企业都经历过这一关,沃尔玛曾经向墨西哥政府补交约 3.59 亿美元的税款。

我再次默默打开了携程,还是早点回高老庄吧,咱们高老庄人民比较朴素。

真正的大机会,就藏在不成熟的新兴市场里

这就是新兴市场,真正的大机会,就藏在这些不成熟、

不清晰、不完美的新兴市场里。正如那句俗话所说：风浪越大，鱼越贵。

参访在墨西哥的小米拉美总部时，我问小米的负责人：你们是什么时候来墨西哥的，现在生意做得怎么样？

负责人说，小米是2016～2017年进入墨西哥的，并将拉美总部设在了墨西哥。那时的墨西哥与现在比很不成熟，很不清晰，很不完美，但是，七八年后的今天，在市场份额方面，小米已经成了巴西和阿根廷手机市场的第三、墨西哥和智利手机市场的第二、哥伦比亚和秘鲁手机市场的第一！现在的拉美市场已经是小米海外的一大粮仓。

新兴市场的"新兴"指的是"快速增长"。你是想在一个特别完美的成熟市场里原地转圈呢，还是想在一个全是问题的新兴市场里一路狂奔呢？

我们所看到的墨西哥的所有问题，都是增长的机会。不要害怕问题，我们真正应该害怕的，是它有问题时，我们不在。

国人聚在一起不怕难

快速融入一个陌生的国家，最有效的第一步是什么？是"拜码头"。到了墨西哥，我和"问道全球"的企业家们一起，带着几份从国内带来的小小的家乡礼，怀着虔诚求知的好奇心，登门拜访华为、小米、阿里巴巴、中兴通讯和一家对我们提供了巨大帮助却因为一些原因不能具名的企业。

都说"老乡见老乡，两眼泪汪汪"，一见面，我们很激动，他们更激动，"哐哐哐"一顿疯狂输出，把那些如果不在墨西哥深耕很多年就不可能知道的经验、教训和陷阱全都掏心掏肺地告诉了我们，生怕我们走弯路，生怕我们掉到坑里。

我一边使劲点头，一边拼命记录，足足写了好多页纸。回到酒店，我整理了很久，把这些建议总结为10点，我将其称为"关于墨西哥的10点掏心掏肺的建议"。如果这10点建议对你有价值，请感谢那些早早出海的同胞们毫无保留的分享。万一有错漏，那一定是我理解得不深刻，没有抓到真正的核心。

"强龙"也要找"地头蛇"

有一次，一位企业家问了我一个问题：如何快速进入别人的"关系型生意"？

我反问他："如果有人现在想进入你的城市，进入你经营多年的'关系型生意'，你觉得可能吗？"

他摇摇头说："基本不可能。我耕耘了那么多年，哪是他想进就能进的。"

我对他说:"是的,你进入别人的'关系型生意'也是一样的道理。"

每个地方都有自己的"地头蛇",他们在当地的势力盘根错节,构建了紧密的关系网和利益网络。不花个几年时间,别说进入了,你可能连看都看不明白。

"关系"不一定等于"腐败"。在很多时候,"关系"约等于"信任"。没有关系,很难产生信任,比如,你来到一个新城市,想要和当地人做生意,他会本能地想:我凭什么相信一个外来的人?你骗了我就跑了,我找谁?

所以,进入一个新市场,尤其是进入商业文明还没那么发达的新兴市场时,找到当地的"地头蛇",用合法的方式、合理的利益置换他们在本地积累多年的关系,是至关重要的。比如,开店不一定要自己开,可以让真正熟悉本地规则的"地头蛇"开。他们知道一些你可能永远都无法预先知道的事情,比如当地黑帮什么时候会在某条街上火拼。

即使你是"强龙",也要找"地头蛇"。

用出差的方式出海,是出不来的

找到"地头蛇",并不意味着你就可以撒手不管了。你想在一个地方做生意，一定要住下来，像当地人一样生活、社交、购物。只有先成为当地"消费者"，才能成为当地"生意人"。

只有深入到当地生活中，你才能真正理解当地的一些独特的商业逻辑。比如，一些当地人可能会"过分承诺"："那谁谁谁我认识啊，我让他什么时候来，他就什么时候来，这事儿就包在我身上了。"你很高兴，心想总算找到"地头蛇"了。但是，第二天，他就把这事忘得干干净净了，让你空欢喜一场。有一家中国企业，早期就因为过于信任当地客户而产生了几十亿元的坏账收不回来。

再比如，墨西哥的企业通常是早上9点上班，下午18：30下班，中午休息一小时左右，但是，墨西哥人对"中午"的理解和中国人不一样，在他们的认知中，"中午"指的是14点~16点，所以，他们喜欢14点出去吃午饭，16点回来上班。于是，很多墨西哥中资企业都是"错峰吃饭"，12点中国人出去吃一波，14点墨西哥人出去吃一波。

又比如，墨西哥人喜欢用彩色的笔签字，如果你用黑色的笔签字，他会觉得你不尊重他。

很多细节，是你住下来才能了解的。所以，你一定要亲自或者派员工驻扎在当地，否则，你对当地市场、合作伙伴以及客户的判断很可能会出现偏差。

用出差的方式出海,是出不来的。

你需要的不是"金子",而是"橡皮泥"

那么,到底应该派谁驻扎在当地呢?

说起这个问题,很多人会提出各种标准:知道中国很好,但为了公司的发展、个人的成长,愿意接受生活品质降低,能长驻墨西哥的人;虽然不知道怎么干,也知道没有样板可以抄,但是有创业者心态、企业家精神,愿意不断尝试探索的人;英语要非常熟练;最好懂一点西班牙语,能和当地人直接交流;最好有留学背景,能适应海外生活;最好对当地非常了解,能快速找到切入点;最好……

这些"最好……最好……",看似"我的要求不过分吧",实际上已经把大部分人排除在外了。醒醒,是让你提要求,不是让你许愿。

那派什么样的人驻扎当地更好呢?最重要的要求是学习能力强。如果是学习能力强的年轻人就更好了,因为年轻约等于学习能力强。学习能力强的人更容易忘掉自己过去的形状,不断学习,用新的知识填满新的空间。合适的人不是从旧空间里"选"出来的，而是在新空间里"长"出来的。

记住，你需要的不是"金子"，而是"橡皮泥"。

离开家乡就是艰苦，留足预算给够补助

如何才能吸引到这样的人才呢？给他们足够的激励。

千万不要想"我给了你出国的机会、成长的可能，你不但不应该提要求，还应该反过来感激我"，老板们，这个想法是很危险的。出国带来的新鲜感，只值一张国际机票的钱，它有价值，但不值得一个人为此付出几年甚至十几年的青春，尤其还是在艰苦的墨西哥冒着各种风险持续付出。

20 世纪 80 年代，IBM、惠普等企业进入中国市场，当时，它们派了一批年轻人来中国。这些企业让这些年轻人每天都住五星级酒店，还给他们提供"hardship allowance"，也就是"艰苦补助"，因为离开家乡就是艰苦。

驻扎在墨西哥的员工更需要"艰苦补助"。在墨西哥，不能直接喝烧开的自来水，因为重金属超标；晚上不敢出门跑步，因为街对面的黑帮会出来活动；更重要的是，当留在国内的孩子问你能不能来看他的比赛时，远在墨西哥的你只能说"让妈妈/爸爸去吧"。

那么，给多少补助合适呢？据我们了解，一些企业会给驻扎在墨西哥的员工提供很多福利：在工资基础上增加20%～40%的额外补贴；提供免费的公寓或者酒店住宿；设立免费的中餐食堂，满足员工的饮食需求；每年提供足够多的回国探亲假，并报销往返机票；报销孩子就读国际学校的学费，等等。

企业一定要把这个预算留出来，一定要舍得补助员工。如果因为补助员工，出海就不赚钱了，那就不要出海了。只有留足预算给够补助，才能吸引那些优秀的年轻人为了公司的战略远离火锅烧烤小龙虾、川菜湘菜淮扬菜，来到地球的另一面。

海外业务是"风筝"，而不是"木偶"

当然，给员工补助还不是最大的激励，最大的激励是信任，是独立，是快速成长。

带着包，带着钱，一个优秀的年轻人落地墨西哥。走出机舱，天气非常晴朗，阳光刺眼，但他两眼一抹黑：如何生活？第一锤打在哪里？"地头蛇"在什么地方？所有问题都没有答案，一切都是未知。这时，你应该怎么管理他呢？让他每天给你汇报情况，然后你来告诉他怎么办吗？这太离谱了，就像一个篮球运动员带球冲到了篮下，然后打电话问教练自己是不是应该投篮一样。

很多年前,我在成都和一家酒店的负责人吃饭,他给我讲了一件事情:成都人喜欢打麻将,几乎所有酒店都有棋牌室。一家国际酒店为了提高入住率也想建一个棋牌室,于是向美国总部提出申请。总部问:"什么是麻将"?成都负责人费尽口舌解释了半天。总部又问:"那有赌注吗?"成都负责人说:"怎么说呢,有,但是不多。"总部继续追问:"不多是多少呢?有没有超过中国法律对赌博的定义呢?"……然后就没有然后了,这家国际酒店最终没能建成自己的棋牌室。

今天出海的中国企业也会遇到类似的问题。中国企业家需要克服的,是自己对未知的恐惧和对控制的渴望。总部"可能"拥有非常强大的"决策"能力,但"一定"没有高速变化的"信息"基础。所以,总部不要试图指挥前线作战,要把决策权交给前线。

选对海外负责人,然后,把海外业务当"风筝"去管理,而不要把它当"木偶"。

在竞争对手弱到你不能理解的领域构建绝对势能

当然,总部还是要承担起决策的责任。总部要做的,是一些最重大的决策,比如,出海到墨西哥到底赚什么钱。

一家企业能赚的钱大约有四种:"骗"来的钱、"抢"来的钱、"捡"来的钱和"换"来的钱。

"骗"来的钱,类似把1万毫安的充电宝标成2万毫安的,答应提供3年的售后服务,但半年就不管不问了,能骗一笔是一笔。

"抢"来的钱,类似零售巨头对供应商说你必须低价卖给我,不然我不上架。

"捡"来的钱,类似种了10年玉米,突然玉米价格暴涨;某些企业受到制裁,但自己恰好在制裁名单之外。

这三种钱在全球任何一个地方都存在,包括中国。但是,这三种钱都来源于非商业因素。一旦离开特定的"资源场",这些钱就会瞬间消失。它们有"国界",所以,出海时赚不到这些钱。

出海,应该赚"换"来的钱,就是用企业的产品或服务的"绝对势能"换钱。比如,海飞丝进入中国市场时,就是靠"洗发水"相对于"肥皂"的绝对势能赚钱的;安利进入中国市场时,是靠"厨房洗洁精"相对于"抹布"的绝对势能赚钱的。今天中国企业进入墨西哥市场也是一样的,要尽量在竞争对手弱到你不能理解的那些领域构建绝对势能,比如高科技,比如性价比,比如运营能力。

前文提到的名为 iMile 的中国物流企业也在墨西哥做当地物流，它把墨西哥人卖的商品用墨西哥快递员送到墨西哥消费者手中，在墨西哥市场上大获成功。iMile 的成功来源于哪里？来源于它在数字化能力方面的绝对势能，而今天的物流行业高度依赖数字化能力。

给对方它们想要的，生意才能长久

刚开始在海外做生意时，你可以从中国整装进口你的优势产品。但当你已经渐渐立足时，你就要考虑在当地生产某些产品。

任何一个国家允许你进入它的市场，都有自己的目的。你在这里赚了钱，要么留下税款，要么留下就业岗位，要么留下技术。如果你发现自己除了商品什么都没留下，就应该警觉了——不久的将来，这个国家可能会启动保护措施。

比如，早期外企进入中国市场时，中国的政策是"以市场换技术"。你想把汽车卖到中国？可以。但前提是必须在中国建厂。这样，你在赚中国人钱的同时，留下了就业岗位和技术，或者说，留下了未来。

今天的墨西哥也是如此。比如，它会通过税收手段调节。以电视为例，在墨西哥进口电视的关税很高，这就是墨西哥政府在通过税收手段对本国产业进行保护。这时，你可以考虑在蒙特雷开办电视加工厂，通过提供当地就业岗位来省掉关税。

这是从产品维度出发进行的思考，你还可以从国家维度出发进行思考。比如，巴西和阿根廷等国家对整装进口征收重税，当你进军这些国家的市场时，在这些国家建厂可能是一个明智的选择。

所有生意都应该是双赢的。那些"自己赢两次"的生意，往往难以持续。给对方它们想要的，生意才能长久。

墨西哥对中国的感情很复杂

2024年7月，位于墨西哥首都墨西哥城的义乌国际商贸城被封42天，大量商户的经营受到巨大的影响。为什么被封？直接原因是涉嫌销售违禁品和未支付进口税等。但许多人认为，更深层的原因是，这些便宜到"竞争对手无法理解"的小商品，动了太多人的蛋糕。

墨西哥人对中国的感情是比较复杂的。2001年，中国加入世界贸易组织（WTO）时，墨西哥是最后一个双边协议签署国。原因在于，此前美国与墨西哥的贸易往来非常频繁，中国一旦加入WTO，势必会分流大量的贸易额。然而，墨西哥也不希望完全活在美国的绝对影响之下。如果有其他国家加大投资力度，推动多元化贸易格局，墨西哥也乐见其成。所以，墨西哥对中国既欢迎，又不敢太欢迎。

在墨西哥经营企业，一定要遵纪守法，认真做事，融入当地社会，并且尽量低调。

多用墨西哥人，用好墨西哥人

刚来墨西哥的一些中国人，对墨西哥人的态度比较微妙。比如，在讨论专业问题的时候，他们说话非常礼貌，但脸上却不由自主地流露出一种"别和我争，照做就行"的姿态。

用这样的态度来对待墨西哥人，是不可能招到优秀人才的。多用墨西哥人，用好墨西哥人，企业才能真正在墨西哥市场站稳脚跟。对于"N-1"（你的下一级）的高级别墨西哥员工，一定要尊重。对好强的人，不要只说"是什么"，要解释"为什么"，这样才能真正发挥他们的潜力。

几乎每个进入墨西哥市场的中国企业，都要经历对墨西哥人从不信任到信任，到听见他们、观察他们、一起打胜仗，再到感觉大家其实都一样的过程。如果不经历这个过程，企业中很快就会形成"中派"和"墨派"。

如果企业中已经分成了两派，实在融合不了怎么办？不妨多招聘一些其他国家的人，比如印度人、欧美人等。引入第三国，局面往往更容易形成平衡。

如果这样做了团队内部仍然争论不休怎么办？听谁的？听用户的。把用户放在中心，大家更容易达成一致。

木柴堆在一起火更旺

特别感谢墨西哥的国人朋友们。他们的热情，早已超越了公司之间商务接待的范畴，而是源自中国人之间血脉相连的深情。他们真心希望你好，你好，仿佛就是他们自己好。

在墨西哥城，我见证了神奇的一幕。来自国内竞争激烈、"卷"到你死我活的各个巨头的员工们，在墨西哥一起打球，一起吃饭，一起参加各种聚会。在这里，他们首先是中国人，其次才是各自公司的代表。

这几天，向导反复提醒我们注意安全，但意外还是发生了——一位企业家的包被偷了，里面不仅有财物，还有护照等重要证件。中国驻墨西哥大使馆高度重视，第一时间协助快速补办证件，确保随后的各项行程不受影响。

你能明显感觉到，这里的国人非常团结。所以，最后一个掏心掏肺的建议，就是来到墨西哥后一定要尽快和当地国人团体取得联系。木柴堆在一起火更旺，国人聚在一起不怕难。

蒙特雷会成为下一个东莞吗

结束对墨西哥城的参访后,我们踏上了前往下一个参访城市蒙特雷的旅程。

蒙特雷是一个独特的城市,我们这次墨西哥之行最想去的目的地,就是蒙特雷。蒙特雷独特在哪里呢?

我们在墨西哥城参访的中国企业,更多的是服务墨西哥当地的。而出海到蒙特雷的中国企业,更多的是以墨西哥为跳板进入美国市场的,因为蒙特雷离美墨边境开车只有不到3小时的行程。在蒙特雷设厂,是美国的"近岸外包"和"友岸外包"[一]政策背景下一种非常独特的"中国式出海"。

趁蒙特雷暂时还没有像当年的东莞一样发展到"一朝塞车,全球缺货"的程度,我们先来考察一番。

蒙特雷的 4 个机会

你知道蒙特雷有什么吗?有几百家中国企业和它们在这

[一] 近岸外包是指一国的企业将生产或服务外包给地理位置邻近的国家或地区的企业。对美国而言,近岸外包通常指将业务转移到墨西哥、加拿大等周边国家。友岸外包是指一国的企业将生产或服务外包给政治和经济上安全或低风险的国家的企业,这种策略的核心是确保供应链的安全性和稳定性。美国强调的友岸外包通常指将供应链转移到与其有所谓共同价值观的盟友国家。

儿争分夺秒建设的工厂。如果你也想去蒙特雷建厂，可能得靠"抢"——抢地皮，抢员工。为什么要抢？国内明明做得好好的，为什么偏偏要飞越半个地球来墨西哥抢？

图这里有美味的鸡肉卷？当然不是。今天，一个企业的老板或员工，跨过整个大洋来到这里，一定是因为这片陌生的土地上有机会，并且是在国内难以见到的机会。

今天，在墨西哥这片土地上盛开的机会，大约有四个：本国市场、拉美市场、跨洋市场以及美国市场。我们先说说前三个。

本国市场指的是把墨西哥当作"终点站"，比如，你想把你的冰箱直接卖给1.3亿墨西哥人。当然，这个数字只相当于2023年广东省的人口规模。

拉美市场指的是把墨西哥当作"桥头堡"，比如，你想把你的冰箱先卖到墨西哥市场，在墨西哥立足之后，再有策略地进入巴西、智利、阿根廷等32个拉美国家。当然，这和直接飞去其他拉美国家销售，可能并没有太大的差别。

跨洋市场则相对复杂一些，也是整个拉美地区中只属于墨西哥的独特机会。

你一定听说过巴拿马运河，这条运河给巴拿马带来了巨大的机会。这条运河是几十万人在中美洲地峡上生生挖开的一个缺口，它帮全世界的海洋贸易开辟了一条近路，也为巴拿马政府每年创造约 50 亿美元的收入。但谁能想到呢？这条建成超过 110 年的"近路"，由于气候、全球贸易井喷等种种原因，近些年竟然开始"堵船了"。

巴拿马运河"堵船"，让墨西哥看到了机遇。墨西哥政府打算在特万特佩克地峡修建一条连接太平洋和大西洋的铁路，用于货物运输。这条"跨洋走廊"一旦建成，巴拿马运河的货运量将被大大分流。

建一条"跨洋走廊"，是不是听起来就让人热血沸腾？俗话说，"要想富，先修路"，而这条"跨洋走廊"就是一条全球物流的"高速路"。这也将为墨西哥带来跨洋市场。

这三个机会相对比较好理解，而第四个机会美国市场，就相对比较复杂了，我们接下来详细说。

进入美国市场的"拦路虎"

我们先来看一张图。图 4-1 展示了中国商品和墨西哥商品在美国进口总额中的占比，从图中我们可以看到，2003 年之前，墨西哥卖给美国的东西比中国卖给美国的多。中国加入 WTO 后不久，2003 年，美国从中国的进口额就超过了从墨西哥的进口额。从那之后，一直到2023年，美国从中国的进口额一直高于从墨西哥的进口额。然而，2023年，情况发生了变化，这一年，墨西哥超过中国，重新成为美国第一大商品进口来源国。

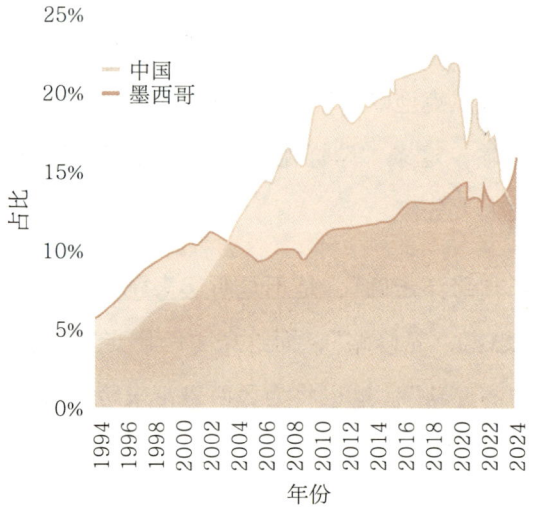

图4-1　中国商品和墨西哥商品在美国进口总额中的占比

注：数据来源于IMF国际贸易方向数据库（DOT）。

中国可是"世界工厂"啊，墨西哥卖给美国的东西凭什么比我们更多？其中一个非常重要的原因是近岸外包。

我不是研究中美关系的专家，地缘政治专家、宏观经济学家都比我更有发言权。但我们都知道，中美关系是非常复杂的，这种复杂的关系影响的远不止中国和美国。很多跨国企业的 CEO 心存疑虑：今天一个"清单"，明天一个"法案"，万一某个环节被卡住，我的供应链怎么办？过去的布局还安全吗？

出于这样的疑虑，很多企业开始对上游企业提出"中国 +1"的要求。它们的出发点很简单："我仍然可以和你合作，但你必须在中国之外至少再建立一处生产基地。这样，无论局势多么'复杂'，我的生意都不会受到影响。"

那么，这个"+1"应该放在哪里呢？近水楼台先得月。近，成本就低；近，风险就小。如果再考虑时差、文化等因素，要想进入美国市场，抓住美国市场的机会，最好的选择就是把"+1"放在离美国比较"近"的地方。这就是"近岸外包"的反向利用——邻近美国口岸的外包策略。

谁离美国比较近呢？美国的北面有加拿大，南面有墨西哥。要想进入美国市场，必须了解进一步推动了近岸外包的《美墨加协定》(USMCA)。

《美墨加协定》，顾名思义，就是美国、墨西哥、加拿大之间的协定。美国把加拿大和墨西哥召集到一起，说：远亲不如近邻，既然我们靠得这么近，一定要团结起来、守望相助，我们签个协定吧。我们之间的交易（大多数）免关税，但先说好,谁也不要背刺谁。首先,我们都要保护知识产权。这一点,大家都没问题吧?其次,墨西哥同学,你的工资水平太低了,涨涨工资吧,否则你的商品流入工资成本很高的美国市场,不太公平。对了,还有一点很重要,谁也不准做"洗澡工厂"的生意。我的清单里列了一些企业,我的法案里也提到了一些行业,这些都要被征收高额关税,但对我们自己人几乎都免税。如果清单上的企业想办法绕路,把它们的商品、半成品甚至零配件先运进你们两国,"假装"生产一下,然后再包装成"墨西哥产"或"加拿大产"的商品,免税进入美国市场,怎么办?这样一来,我们对那些企业、行业乃至其背后国家设定的高额关税政策,岂不是都被绕过去了?为了防止它们绕过去,我们要把协议的条款写得细一点,再细一点。比如,汽车在北美地区生产还不够,还必须确保至少有 75% 的零部件都产自北美,才能算"没假装""没洗澡",才能享受零关税。

那美国靠什么知道某个企业是不是至少有 75% 的零部件在北美生产的呢?靠"反规避调查"。

你规避,我调查,这就是反规避调查。美国曾经对越南的中资钢铁企业进行过这种调查,看这些企业是不是通过"假装"在越南生产的方式,规避美国对中国钢铁产品征收的高额关税。美国认定,一家中国企业的部分钢铁产品只是在越南进行了"轻微加工",就以越南"本地产品"的名义出口到美国。于是,美国决定对这批产品追溯征税。

类似的调查美国也曾经对墨西哥的中资家居企业进行过,看这些企业是不是通过"假装"在墨西哥生产的方式规避关税。同样,美国认定,这些家居产品的主要部件和材料都来自中国,墨西哥工厂只是进行了"简单组装",属于典型的"洗澡工厂"。于是,美国决定对涉事企业实施处罚。

这样的调查还有很多,涉及的行业和企业越来越多。

墨西哥"东莞"

往前走,有各种各样的"拦路虎"——近岸外包、《美墨加协定》、反规避调查……出海企业该怎么办?

通往美国市场的路,确实不好走。难道要因此放弃机会,退出竞争吗?

当然不。

今天,中国商品想要直接进入美国市场,不但得物美,得价廉,还得交高额关税。但是,交了高额关税,成本就高了很多。这样一来,很多中国商品的价格在美国市场上就很难再有以前那种竞争力了。

不交这部分关税行不行呢？行，那就要在产品出口到美国免税（或者低税）的第三国生产。但是，在第三国生产，要做到65%～75%的当地生产率，无法利用中国的很多特有优势，成本还是可能会上升。毕竟，第三国可没有全面到"包含了联合国产业分类里所列的全部工业门类"的工业体系，没有款式或图纸发过去看一眼就能回复"这有什么难，我肯定给你做出来"的供应链，相反，有的是"工作量只有国内员工的三分之一甚至五分之一，一个退货流程一个月都走不完，一个产品良率好几年都没个准"的员工。

去国外建厂，不一定有会念经的外国和尚，但一定少不了九九八十一难。

很多中国企业都要开始算一笔账——第三国成本。

第三国成本必须比高额关税低，否则，进入美国市场的路，依然走不通。

那么，问题来了：哪里的第三国成本更低呢？

这就要说到墨西哥，尤其是墨西哥的蒙特雷了。

这座此刻正映在我窗前的城市，是墨西哥最大的工业城市之一。而且，它离美墨边境开车只需要不到3小时，和从上海开车到杭州的时间差不多。对于美国市场，它是真正的

"近水楼台"。

如果中国企业能在这里建厂、生产再进入美国市场，那么，那些高额关税，就不再是问题。

那这里的第三国成本比全球其他地方都更低吗？

我不知道，但我看了一下在这里建厂的中国企业名单：比亚迪、海尔、中兴通讯、TCL、歌尔股份、航天信息、蓝思科技、顾家家居、海信、敏华控股……这么多企业在这里建厂，或许从侧面说明了墨西哥的第三国成本的确很低。

当然，想从蒙特雷进入美国市场的，远不止这些企业。更多的中国企业，在来到蒙特雷的时候，大家可能都不知道它是中国企业。因为很多中国企业投资墨西哥是绕道"第四国"之后再进入墨西哥的，这些"第四国资本"已经很难看出真实源头。

中国企业和中国人的出海故事里，不一定有光鲜的西装革履，但一定有太多的披荆斩棘。每次一条路被堵死时，在"敢问路在何方"后紧接着来一句"路在脚下"的中国人，总会一次一次地再出发，去寻找新的方向，去踏出一条新路。

在出海蒙特雷的企业眼里：对本国市场，墨西哥是目的地；对拉美市场，墨西哥是"桥头堡"；对跨洋市场，墨西哥是"高速路";对美国市场,墨西哥是"跳板"。

墨西哥,早已不只是墨西哥。

蒙特雷,也早已不只是蒙特雷。

现在的蒙特雷,满大街都是工厂,几乎所有工厂都在制造家具、家电或汽车零部件,工厂里的工人都很年轻,平均年龄不超过 30 岁。

看到这里,你会不会感觉这一切仿佛在哪里出现过?

如果你经历过中国改革开放后的 20 世纪八九十年代,或许你会很快想到那个地方——东莞。

今天,很多人聊起蒙特雷时都会提到"世界工厂",聊这里有没有可能成为"下一个东莞"。

蒙特雷和曾经的东莞的确很像,一个是进入开始近岸外包的美国的跳板,一个是进入开始改革开放的中国的跳板。

离上帝那么远,离美国这么近

墨西哥前总统波菲里奥·迪亚斯曾经说过这样一句话:可怜的墨西哥,离上帝那么远,离美国这么近。

这句话,道尽了墨西哥这个国家的沧桑与无奈。因为

"离美国这么近",所以必须承受美国的压力。又因为"离上帝那么远",所以没人可以庇护它。

但是,如今的墨西哥似乎不那么"可怜"了。

今天,同样是因为"离美国这么近",在大国博弈之时,墨西哥成为连接北美与亚太的枢纽。如今的墨西哥,遍地都是机会。

这就是为什么今天那么多中国企业来到墨西哥,来到蒙特雷。

这也是为什么今天我会来蒙特雷看看。

拓荒的中国勇士们,你们辛苦了

问道墨西哥的最后一天,我们马不停蹄地前往在蒙特雷拓荒的中国企业,想看看那些在蒙特雷的中国企业过得都还好吗,毕竟,鱼贵的地方,风浪也大。

我很想问问这些企业的员工:你们是怎么来到蒙特雷的?你们遇到了什么困难?你们是怎么克服这些困难的?现在你们运营得怎么样?

他们用真金白银买来了经验和教训价值连城,我非常想和他们坐下来慢慢聊。

可谁知,还没等我见到他们,"你们遇到了什么困难"里的一个"困难",就被我们遇到了。

工作量:1 个中国人 ≈ 5 个墨西哥人

我们乘坐的大巴到了参访的工业园区附近时,我突然发现发不了微信了。我的手机显示 4G+ 网络的信号满格,但微信却提示"当前无法连接网络……"。我以为是手机出了问题,于是重启了一遍,结果依然不行。问了旁边的人,发现大家都遇到了同样的问题。

在今天这个时代,没有网络已经是一件难以想象的事情了。到了工业园区,见到接待我们的负责人,我忍不住问他:"这是怎么回事?"他轻描淡写地回答:"哦,附近的基站出问题了,已经两三天了,正在修。开车出去两公里就有网络了。"他说得如此自然,仿佛这是再平常不过的事情。

我追问:"这种事经常发生吗?"和负责人一起来接待我们的芝华仕沙发的任总接过话头:"不算经常,但偶尔也会有。有时候为了打击毒枭,电信也会断一下网,让他们无法联系。"我承认,当时我震惊了。我看着他的表情,发现他真的不是在开玩笑。

我又问："那不能快点修吗？什么问题两天都修不好？"负责人叹了口气："不是修不好，是他们的效率实在太低了。"他的语气里，带着一丝无奈。

另一位负责人说，有一次园区施工挖断了电缆，导致整个宿舍区都断电断网。蒙特雷是半干旱气候，天气非常炎热，没有空调可受不了。他们赶紧报修，维修人员来了，说找到问题了，但少了配件，得回去拿配件。可谁知，他一走就是几个小时，迟迟不回来。他们打电话问："配件拿好了吗？"对方回答："拿好了，明天早上我过来装。"

这里的人，是"时间的朋友"，而且是"好朋友"——他们一点儿都不着急。最终，园区的电缆修了两周才修好。

他们说，这并不是在抱怨，在这里，抱怨是没有用的。

是的，出海，一定是因为海外有你想要的东西。但与此同时，你也要清楚，这些你想要的东西背后，隐藏着许多在中国难以想象的成本，比如，低效率就是其中一个成本。

这里的效率到底有多低呢？接待我们的负责人给我们举了一个例子：如果你想在墨西哥投资，首先需要开设一个对公账户；而要开设对公账户，你必须先注册一家公司；注册公司又需要这里的工作证；申请工作证则必须持有墨西哥的工作签证。每一个环节的每一步，都可能耗费大量时间。半年能办完,已经算是快的了;拖上两年,也不是没有可能。到墨西哥投资,你必须适应这里的慢节奏。而适应这种慢节奏的最佳方法,就是提前准备。所以,如果你没想好(或者犹豫)是否要在墨西哥开一家公司,可以先把公司注册好。这样,一旦你有投资计划,随时可以启动。如果等到需要时再临时注册,难度会非常大,可能要等上好久。

负责人还打了个比方:大概 5 个墨西哥人的工作量,才能抵得上一个熟练而上进的中国人。

我说:"这是不是有点夸张了?"

他说,墨西哥人去一趟洗手间,花上半个小时甚至一个小时,都很正常。再加上他们办事效率普遍较低,总体算下来,时间成本非常高。

管理好墨西哥员工是一门学问

墨西哥有"墨化率"的要求,一张中国员工的工作签证必须配至少 9 名墨西哥当地员工,所以,出海到墨西哥的中国企业中,有大量的墨西哥员工。即使他们的效率再低,企业也必须学会管理好他们。

怎么管理他们呢?首先,要理解墨西哥人的特点。他们最大的特点就是"一根筋"。顾家家居让工人们套沙发套的时候遵循一个工作流程：先把海绵塞进沙发套，调整好四个角，拉上沙发套拉链，最后用力拍打，使其平整。我们在顾家家居听负责人分享时，就听到窗外的车间里一位墨西哥工人不停地在用最大的力气拍打。"一根筋"不是个贬义词。负责人介绍说，只要讲清楚怎么做，墨西哥人做起来很认真。让墨西哥人做质检尤其合适，因为不行就是不行，他们是不会妥协的。

其次，要了解墨西哥人的习惯。比如，墨西哥人特别喜欢喝可乐，喜欢到什么程度？你难以想象的程度、全世界顶尖水平的程度。墨西哥人平均每人每天要喝掉一瓶 500 毫升的可乐。墨西哥的有些地方人，甚至到了魔怔的程度，平均每天要喝 7 听可乐。于是，有些企业就用可乐作为奖品，这对墨西哥员工能起到很好的激励作用。顾家家居在搞劳动竞赛的时候就用可乐做奖品，大家积极性大增，效率大大提升。

更贵的成本，要做更贵的产品

尽管中国企业努力提升效率，墨西哥工厂的成本还是比中国工厂的高，因为墨西哥的供应链不完善。

中国企业远渡重洋来到墨西哥建厂，是因为美国对墨西哥的免税政策。比如，海信蒙特雷工厂 70% 以上的产能都是供给美国的。但是，美国对墨西哥的免税条件中有一条是

"在地化生产",也就是说,企业必须有一定比例的产品价值是在当地(北美)创造的,要么原材料是在当地采购的,比如牛皮、海绵、五金件等,要么劳动力是在当地雇用的。否则,企业把整张床垫从中国运到墨西哥,然后加上一个写满英文的外包装,说是墨西哥制造的,然后享受免税政策,那美国对中国的高额关税不就形同虚设了吗?可是,墨西哥当地的供应链怎么能和中国的相比呢?大量原材料的质量不如中国的好,价格却比中国的贵。但因为有"在地化生产"的要求,企业必须"捏着鼻子"买。

所以,在墨西哥建厂,最终的产品成本大概率并不比在中国时低。出海不但没有便宜,反而更贵了,怎么办呢?

中国企业最初进入墨西哥时,算的是一笔"加减法"的账:生产成本虽然增加了,但省下了从中国直接出口美国的高额关税。只要"加"得少,"减"得多,这笔账就是划算的。但是,随着墨西哥工人工资的上涨,生产成本越来越高。早晚有一天,这笔账可能就不划算了。怎么办?

顾家家居的万总说:"我们也是探索了很久,才找到自己的道路。那就是做更难但更贵的产品。我们真正要挣的钱,不是'成本-税费'差。第一天可以这样算,但从长远来看,这是不可持续的。长远来看,我们要挣的是'成本-价值'差。找到美国市场上那些更难做但更贵的产品。墨西哥人做不出来，但我们可以做出来，因此能卖得更贵，从而活下去，甚至活得更好。"

海信的刘总指着一款烤炉对我说："润总，你看，这款产品是我们在亚特兰大研发，在蒙特雷制造的。这款产品国内没有，因为它是美国市场的独特需求。我们不是简单地把自己的产能'输出'到美国，而是为美国的需求'输入'定制化的产品。这才是真正的全球化。所有的全球化，最终都要落实到在每个地方的本地化上。正因如此，今天的海信已经有约43%的收入来自海外，成为一家真正的全球化企业。"

听到他们这么说，我的内心充满自豪。不管这个世界怎样风云变幻，国际关系面临怎样的挑战，我们勤劳勇敢的中国人总是能找到一条新路通往未来，虽然这条新路上可能会有"九九八十一难"。

在蒙特雷拓荒的中国勇士们，你们辛苦了！你们的探索，让后来的中国人可以少走很多弯路。你们的勇气，为后来的中国人点亮一盏盏灯。

第五站

问道越南

05

在越南,我仿佛穿越回 20 年前

随着飞机的一阵颠簸,我降落在越南河内的内排国际机场,正式开启我为期 7 天的问道东南亚之旅。

说来惭愧,虽然我去过不少地方,但还是第一次来越南。此前,我对越南的了解,主要是基于常识。

比如,地理。越南的国土形状非常独特,像一只瘦长的海马,全世界长成这个样子的国家,可能只有越南和智利了。你看越南,南北部挺宽敞,中部最窄的地方却只有大约 50 公里,只比一趟马拉松长一点点,理论上跑着步就能横穿全国。越南南北气候差异明显,北方有四季之分,南方却只有旱雨两季。

再比如,旅游。越南和中国接壤,两国边境居民交流频繁,这让去越南北部旅游的人可以获得一种非常独特的旅行体验:坐高铁到广西一个叫防城港的边境小城,走东兴口岸,就可以直接出境到越南。口岸外，就是越南的芒街市。在这里，你可以体验"步行出国，当日往返"，和去郊区逛个集市没多大区别。

此外，很多人不知道的是，越南已经成为中国近年来增长最快、最具战略意义的贸易伙伴之一。

我给你看几组数据。

2024年上半年，中国和越南之间的贸易额达到了1238亿美元，仅次于中国与美国、韩国、日本的贸易额，在所有国家中排名第四。这个贸易额不仅超过了人口更多的俄罗斯、印度、印尼，同比增长更是达到了惊人的20.6%。

2023年，中国对越南投资达到44.7亿美元，同比增长77.6%。2024年上半年，中国在越南投资新批项目数量占越南上半年外资项目总量的29.1%，位居榜首。

所以我才说，我很惭愧，如此重要的商业邻居，我真的早就该来。但好在亡羊补牢，为时不晚。

河内不远，从上海坐飞机只要3小时，几乎不用倒时差，气候也和广州差不多，但飞往越南河内，我却有一种"穿越时空"的感觉。

飞往越南的班机,就像一架时光机

2023年,有一句话特别火:日本就像20年后的中国,而越南就像20年前的中国。

前半句是说,日本社会面临的一些问题,尤其是少子化和人口老龄化,20年后的中国很可能也将面对。

但后半句是什么意思呢?为什么有人说越南就像20年前的中国?

我给你看几组数据。

首先,经济。

2023年,越南的人均GDP大约是4346美元,而中国2007年的人均GDP大约是2700美元。考虑到通货膨胀因素,2007年的2700美元相当于2023年的4100美元,和今天越南的人均GDP很接近。你看,两国的经济发展相差大约16年。

其次,国际排名。

2023年,越南的人均GDP在全世界所有国家/地区中排第129位。而2003年中国的人均GDP世界排名是131位。你看,十分接近。

最后，出生率。

我没有找到 2023 年的数据，但 2022 年，越南的出生率是 14.7‰，而 2002 年，中国的出生率是 12.9‰，也比较相近。

高速增长的 GDP、源源不断的外资、充满活力的年轻人……一切都是新兴市场的模样。

飞往越南的班机，就像穿越历史的时光机。

说到时光机，日本著名投资人、软银创始人孙正义提出过一个著名的"时光机理论"。在他看来，不同行业、不同国家之间的发展阶段存在着错位和不平衡，利用这种不平衡，通过时间差来进行投资，就可以获得巨大的商业机会。因为带着先进市场的经验，杀入后发市场，就像坐着时光机回到 20 年前"降维打击"竞争对手一样。

但我觉得，比起"时光机理论"这个学名，有一个中国人更熟悉的俗称，简直完美阐释了这一理论，那就是"抄作业"。

在经济换挡的当下，已经发展了 20 年的中国"学霸"们，带着近乎满分的试卷，去往越南这样的新兴市场，出现在它们面前的似乎是一条肉眼可见的康庄大道。所以，蜜雪冰城出海的第一站就是越南，美的的第一家海外工厂也设在越南。

时光机带我们回到"过去",是为了在未来占据先机。

"穿越"到 20 年前的中国

飞机停稳,走下廊桥,排队,出海关……离亲眼看到真实的越南越近,我的好奇心越按捺不住。

出了机场,我们坐上大巴来到河内附近的北宁市,找到一家当地商场,准备买点吃的,顺便看看当地的商业环境。

结果,一进商场,我就感觉"穿越"了。

为什么感觉穿越了?想想看,如今你熟悉的中国购物中心,是不是都长这样:负一楼是小吃街,一楼卖奢侈品,二楼三楼卖精品服装,四楼卖运动用品,五楼是大餐饮,六楼是电影院和餐饮。而这家越南商场只有三层,没有地下商业街,一楼卖化妆品、珠宝首饰、运动品牌,二楼卖各类服装和杂物,还有一个很大的当地超市,三楼则是餐饮和电影院。没错,年纪大一点的读者,可能会和我一样无比熟悉,20 年前的中国商场就长这个样子。而在今天的越南,你就能看到它。

那商场里都有什么牌子呢?我发现,那些品牌几乎不需要当地向导给我介绍,因为放眼望去,都是熟悉的老朋友:往左一看,是李宁;往右一看,是鸿星尔克;回头一看,是奥康；抬起头来，名创优品就在眼前……

我不知道越南的消费者是什么感受，但如果让我猜一下，他们中的一些孩子，或许就像 40 年前喝到人生中第一口可乐的"小刘润"一样。

我第一次喝可乐，是在小时候。20 世纪 80 年代，爸爸的朋友来我家做客的时候，就像拎着茅台酒一样拎着一瓶可乐、一瓶雪碧，把它们作为礼物送给我，并且向我隆重地介绍说"这是美国最流行的饮料"。这个场景我至今仍然印象深刻。"美国最流行的"这几个字，对当时的我来说，简直有魔法一般的力量。

今天的孩子喝可乐大多是"对瓶吹"，但当时的我哪里舍得，都是像喝白酒一样倒进小杯子里，一杯一杯地喝，喝完后还要赞叹一句：美国流行的饮料，确实不一般啊！

而如今，越南的这一代孩子很可能是喝着蜜雪冰城、穿着李宁、用着小米平板电脑长大的。一如几十年前的我们，喝着可口可乐，吃着麦当劳，用着海飞丝。

当然，除了中国品牌，我还看到了一些"穿越时光"的外国品牌，比如皮尔·卡丹。

我问公司的年轻同事们："你们听说过皮尔·卡丹吗？"结果，一半以上的年轻同事都回复了"没有"。

皮尔·卡丹是来自法国的品牌,是最早进入中国的国际品牌之一。早在改革开放之初,它的创始人皮尔·卡丹(Pierre Cardin)就访问了中国。他不仅是改革开放以来首位访问中国的西方时装设计师,更在之后不久带着自己的品牌进入中国市场。

在我年轻时,几乎所有中国人都认为它是顶级的国际品牌,谁要是能拥有一双皮尔·卡丹的皮鞋,简直就像脚踩筋斗云一样得意。当然,价签上的数字也往往让人一看就惊呼:呀,怎么我半年的工资写在上面?

现在,这个牌子在国内已经不常见了,很多年轻人甚至从没听说过。但在越南,短短一个下午,我就看到了好几家它的门店。

如今,那些先行的中国品牌们,就如同40年前的皮尔·卡丹一样,来新兴市场讲述它们的传奇。

人人都是"千万富翁"

来越南,首先要适应的是当地货币的币值。最大面额的纸币是50万越南盾,一沓钱拿在手上,足有上千万越南盾,你不由得感叹:原来,成为"千万富翁"是这么容易!

当然,成为"千万富翁"的代价是买包零食就要好几万越南盾，吃顿正儿八经的饭就要几十万越南盾。年纪大了，我真的很怕数"0"数到睡着。

后来，我慢慢掌握了速算窍门：实时汇率大约是1元人民币兑3400多越南盾，算上一些换汇折损，大致可以算作1万越南盾换3元人民币。也就是说，换算时，你看到越南的价格是多少万，就把"万"去掉，然后乘以3就好了，10万越南盾约为30元人民币，500万越南盾约为1500元人民币。

每到一个国家，我都会找当地的商场逛一逛，商场是了解当地生活的最佳渠道。于是，我逛了逛那家当地超市，又逛了逛名创优品，看看物价如何。

对比不同国家的商品价格，我建议你对比三样东西：可口可乐、麦当劳巨无霸汉堡、星巴克咖啡。因为这三样东西都是经过充分竞争后生存下来的大品牌商品。它们的价格大致可以代表当地货币的购买力水平。在经济学上，甚至有"巨无霸指数""星巴克指数"这样的术语。

我在商场里没有看到麦当劳和星巴克，但是看到了可口可乐。一听330ml的可口可乐，售价是8600越南盾，大约2.5元人民币，和中国的价格差不多。不过，从中国进口的商品反而显得更贵一些，比如在名创优品买一个分装瓶，需要3万越南盾，合人民币9元左右。

当然，这些只是我走马观花得来的粗浅感受。更多的细节，还需要深入地交流、请教。

"您还是说中文吧"

走出商场，在街上闲逛，最吸引我视线的，是街头的招牌。北宁市满街的招牌几乎都带有中文，即使是不会越南语的中国人，在这里生存大概也不会有太大阻碍。

过去我们常说，通过观察一个地方中餐馆的数量、质量和中文使用情况，就能判断出当地的华人数量。我记得，早年间去美国时，当地的中餐馆味道很一般，因为华人较少。但后来随着华人增多，中餐馆也变得更加地道、好吃。而北宁市满街的中餐馆和中文标识，说明在这里做生意的华人群体多到超乎想象。

中文的学习在越南也很受重视。我们的导游不是中国人，而是越南人，但他的中文说得非常流利。当然，导游和导购会中文是职业所需，但让我惊讶的是，我走进一家面向当地人的奶粉店，店主小姑娘也用中文和我交流。一开始，我以为她是来越南做生意的中国人，一问才知道，她竟然是土生土长的越南人。我根本听不出她的口音。我之前还听一位去越南旅游过的朋友说过这样的经历：他在越南购物，用蹩脚的英语和店员沟通，没想到店员开口就是标准的普通话："您还是说中文吧。"

眼里有光的年轻人

越南的人口也让我非常惊讶。

2024年年初,越南政府宣布越南人口破亿,成为世界上第15个人口破亿的国家。而且,2023年越南的总和生育率为1.96,也就是平均每对夫妻生育1.96个孩子,刚好接近人口更替水平。

比人口总数更值得关注的,是人口结构。如图5-1所示,2023年,越南0~14岁人口在总人口中的占比是22.20%,15~64岁人口在总人口中的占比是68.26%,65岁及以上人口在总人口中的占比仅有9.55%,真是令人羡慕的人口抚养比。

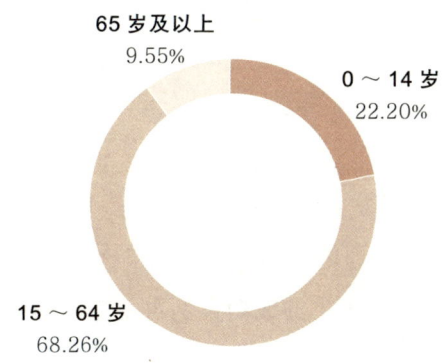

图5-1 2023年越南人口年龄结构

注:由于数据统一保留至小数点后两位,存在因四舍五入而总和不为100%的情况。

数据来源:世界银行,华经产业研究院。

那位卖奶粉的小姑娘告诉我,越南家庭通常都会生2个孩子,而且国家鼓励大家生3个以上的孩子。

漫步越南街头,我看到这片土地上的年轻人,眼里闪烁着光芒,那是对未来的渴望、对机会的期待。

这里就像一座激情澎湃的青年大学,充满着后发市场的朝气与活力。

越了解,我越感觉到,越南既像一个时光机,让我们仿佛看到了20年前中国的样貌,又像一个万花筒,折射出各种新奇的商业可能。

也许未来的某一天,当我们再次回首今天的越南时,会发现:每个国家都有属于自己的成长故事,而我们有机会亲自参与其中。

出海越南,是"过河"还是"耕田"

穿越回"20年前的中国"后,是不是就能"学霸复读",把过去20年在中国发生的成功案例再复刻一遍呢?

当然不能。

因为,即使今天的越南再像20年前的中国,它也不是20年前的中国。对大多数外来企业来说,这是一个崭新的、拥有一亿人口的市场。而这个市场的喜好、需求，不亲眼来看看，是真的不知道。

所以，在越南的第二天，我参访了很多企业，只为了解更多关于越南的真相。

我发现，不少越南人，比我们想象得更敢花钱。

为什么这么说？

越南的消费升级来得更早

"其实，越南人很看重产品品质。"这是我参访的几家企业的负责人都不约而同提到的一句话。

有多看重？举个例子，很多越南人一个月的工资只有两三千元，但他们却愿意花上两三个月的工资购买一部iPhone手机。

再比如，越南到处都是摩托车，因为越南的基建水平不高，道路很窄，不好开车，停车也很难，而且，对大部分越南人来说，汽车的价格太贵了。于是，大多数越南人在汽车、摩托车和自行车之间选择了相对舒适的摩托车。但是，越南的摩托车价格并不便宜，大概是八千多元一辆，贵一点的甚至要两万元。尽管如此，越南人仍然愿意买摩托车，很多人家里可能没什么家具，但一定会有摩托车。越南有1亿人，他们的摩托车保有量在 5000 万辆左右。

而且，销量最高的不是那些便宜的品牌，而是品质好的品牌。本田摩托车在越南就是舒适好骑的代名词，卖得也最好，占据了超过 80% 的市场份额。几十年前，中国企业一度在越南摩托车市场上占据一席之地。当时，中国品牌主打低价策略，但渐渐地，打"价格战"的同时品质受损，导致在很多越南人看来，"骑着中国产的摩托车"是一件很没有面子的事情。这样的定价策略使"中国产品"和"廉价低端"挂了钩。

产品质量不好就不要，即使它便宜——这就是很多越南人的消费心理。

是不是感觉很奇怪？2023 年，越南的人均 GDP 是 4346 美元，并不算高，为什么他们这么敢花钱呢？

原因有很多，其中之一可能是越南人的贷款压力比较小。比如，越南人大多是自己盖房住，没有房贷，虽然收入不高，但因为没有沉重的贷款压力，所以更愿意在日常消费的时候为品质买单。

认知的局限，往往来自经验主义。当我们以为越南一定是一个低价市场时，其实是在用过去的经验给市场设限，而市场的真相往往就藏在这些被我们忽视的细节里。

一个出人意料的本地市场

目前，越南人追求品质的消费心理，正从摩托车市场延伸到电动自行车市场。

我们一起来看一组数据：据越南摩托车制造商协会统计，2022 年，越南的摩托车销量超过了 300 万辆。在销量前五的摩托车品牌中，有三个日本品牌，分别是本田、雅马哈、铃木。但到了 2023 年，这个局面发生了变化。本田摩托车的销量下滑了 19.8%，雅马哈摩托车的销量下降了 13.2%。

究竟发生了什么？

根据 BMI Research 的数据，2023 年越南的电动自行车销量达到了 180 万辆。电动自行车已经悄悄占据了一半的两轮车市场。原来，接住那些放弃摩托车的用户的需求的，是电动自行车，也就是我们常说的"小电驴"。

在越南，你能看到很多咱们国产的电动自行车品牌，雅迪、台铃、绿源，等等。而且，这些"小电驴"在越南卖的价格并不便宜。同样一款电动自行车，在越南的售价可能是在国内的两倍，但它并没有因此而遭受冷遇。

你是不是和我一样，心里有点儿犯嘀咕：这是怎么回事？我读书少，你别骗我。毕竟，按照传统认知，在并不发达的越南市场,价格这么高的电动自行车怎么可能卖得出去?

但是,前文已经说过,越南消费者对品质是有要求的。而且,他们在比较价格时,不仅会与中国市场的同款车型进行比较,还会与越南当地市场的本田摩托车进行比较。和 8000 多元的本田摩托车比起来,咱们国产的电动自行车反而是个实惠的选择。

就这样,在越南,一个年销量达一百多万辆的电动自行车本土市场正在悄悄成长着。像一片海,看似安静,实则澎湃。

在越南建厂不是终点,而是一个新的起点

中国电动自行车在越南的流行让我感到有些意外,因为,说到越南,大多数人关心的并非当地市场,而是转口贸易。

什么是转口?举个例子,你是某家电生产商,你的产品在美国很受欢迎,但是,由于美国新颁布了关税制度,中国制造的家电出口到美国的关税一下子暴增了 10%。你一算,心一下子凉了:关税这一涨,你的利润全被吃掉了。思前想后,你发现从越南出口到美国的关税很低。所以,可以考虑先出口到越南再出口到美国。于是,越南成了大量中国企业的"中转站"。这就是转口贸易的应用场景之一。

但是,美国政府征收高关税的本意,是保护美国本土产

业。你这样迂回一下，产品还是出口到了美国，并且相对美国的本土产品依然保持着价格优势。这样一来，美国的本土产业还是没有得到保护。为了堵上这个漏洞，美国政府开始要求"本地化率"。

在走访越南的中资企业时，我听到不少企业都提到了"本地化率"这个词，它指的是企业的产品有多少价值是在越南创造的。比如，与电动自行车相关的规则可能是这样的：想在东盟内部免税交易？那你的本地化率要达到40%。想低关税出口到美国？那你的本地化率必须达到60%。

这个数字看似简单，却决定了企业能否进入美国市场。如果你选择进口中国的零部件在越南进行简单组装，那你很可能达不到美国要求的"本地化率"，会因此被拒之门外。

随着美国对越南出口商品的审查越来越严格，情况变得日益复杂。比如，在走访一家企业时，负责人告诉我们，美国经常对在越南的中国企业进行"双反"调查——反补贴和反倾销。"反补贴"调查企业是否获得了政府补贴，"反倾销"则调查企业的产品价格是否低于成本。

因此，如果企业的产品因为税费原因没了利润空间——这当然很惨，但更惨的是——这恰恰可能会触发反倾销调查。美国的逻辑很简单：你为什么卖这么便宜？我倒要看看，你是不是从中国进口廉价材料到我这里搞变相倾销!

所以,很多把越南当作中转站的企业陷入了两难的境地:如果继续依赖中国的原材料和供应链,可能会面临越来越严格的贸易调查;但如果真的做到了本地化,又可能会丧失之前的供应链优势。

所以,在越南建厂不是终点,而是一个新的起点。就目前来说,摆在众多企业面前的挑战,是在保持竞争力的同时实现多大程度的本地化。

越南的人力成本真的便宜吗

说到本地化,就不得不提到越南当地的劳动人口。

对不少中国企业来说,到越南开厂不只是为了规避高额关税,还因为这里有"青壮年红利"。换句话说,就是这里的人力成本便宜些。

但是,真的便宜吗?如果便宜,能便宜多少?

我们来算一笔账。在越南的很多工厂,工人们每天工作10小时,每周工作6天,每月工作26天,月工时达到260小时,比中国很多工厂的月工时多出近100小时。而要雇用这样的工人,企业需要付出的工资是多少呢?在越南,普通工人的月薪约为3500元,技术工人的月薪在5000～6000

元之间。

当然，这不代表所有企业、所有人。但就大体的工资和工时来看，越南的人力成本确实比中国便宜 1/3 甚至更多。

但是，我走访的几家企业对于越南的人力成本有不同的看法。

比如，有一家企业认为越南的人力成本并不便宜，理由是虽然越南工人的工资比中国工人低，但 150 名越南工人干的活，100 名中国工人就能干完。而另外一家企业提出了反对意见，认为越南工人比中国工人靠谱，理由之一是中国工人的流动性太大，而越南工人经过培训后往往能在同一个岗位稳定工作很多年。

现在，中国工人的流动性确实比以前高了很多，我想这和中国的一些变化有关系，比如，人口结构发生了变化。

这个问题，越南似乎并不需要担心。至少在未来十几年，越南的年轻人口还十分充足。

越南工人保持高稳定性的一个重要原因是双轨培养制。在越南，大专生的培养路径是"学校学习一年 + 企业学习一年 + 实习一年"，本科生的培养路径是"学校学习两年 + 企业学习一年 + 回到学校学习一年"。简单来说，就是在学校学一段时间，在企业学一段时间。这种双轨制培养模式，不仅让员工在技能上更专业，还增强了他们对企业的认同感。因此，许多员工即使没有签订长期就业协议，也愿意一直留在企业工作。

这种培养制度让我感到很熟悉。早在 2017 年，我就在德国的 ABB 机器人工厂了解过类似的模式。如今，越南凭借这种制度培养出的人才不仅能力不逊色，而且工资成本还低。

我们看到这样一个事实：与其抱怨找不到合适的人才，不如静下心来培养人才；与其追求短期的用工成本，不如投资长期的人才培养。到最后，性价比最高的，往往是那些被用心培养过的人。

越南的供应链会给中国带来挑战吗

除了双轨培养制，另一个让我感到熟悉的，是越南制造企业墙上张贴的"5S"标语。

什么是 5S？相信你一定知道，就是整理、整顿、清扫、清洁和素养。实际上，5S 的重点不在于打扫卫生，而在于通过整理、清扫发现问题，培养发现问题的眼光。

制造业就是一个在效率中把握质量、在质量中提升效率的"游戏"。在控制质量的前提下把成本压缩到最低，是企业在一众竞争对手中脱颖而出的关键。

我在参访通威太阳能公司时,听到这样一件事:在一个月的时间里,通威某生产部门的3000多名员工提交了1万多条建议,这些建议涉及生产、安全、效益等方方面面。在经过专门团队的筛选后,部分可行的建议变成了改进的方法。通威评估,这些方法创造了大约1300万元的价值。

从我在越南参访的其他企业中,我也同样感受到了这种一点一滴持续改善的精神,特别令人钦佩。

制造上持续改进,人才上持续培养,这才是长期主义企业应该坚持的理念。

越来越多坚持长期主义的企业进入越南后,越南的供应链优势正在快速地凸显出来。

不过,这种趋势继续发展下去,可能会给中国带来不小的挑战。

早在十多年前,一些企业就在越南建厂了,比如阿迪达斯、耐克等,因为那时越南的人力成本、用地租金和其他很多方面的成本都比较低。但那时候,越南的供应链体系并未形成,哪怕一个纸箱、一个螺丝钉都要从国外进口。工人的整体水平也不高,很难实现复杂工艺。

但是,自从中美经贸摩擦升级之后,越来越多的企业为了规避关税选择以越南为"中转站"进行转口贸易,比如很多"链主"企业。什么是"链主"企业呢?举个例子,苹果就是"链主"企业。"链主"企业进入越南后,上下游配套企业也随之而来,于是,越南的产业链越来越完善。

在这些企业不断发现各种问题并花费数十年时间解决问题之后,越南的制造业水平不断提高,形成从原材料到包装、从模具到零配件的集群效应。制造业基地在中国以外的地区崛起,可能会给中国本土的制造业带来挑战。

"过河"还是"耕田",结果大不同

在越南参访的第二天非常忙碌。为了在有限的时间里多看一些、多学一些,我和"问道全球"的企业家们马不停蹄地去了好几家企业。

走访了这几家企业之后,我感受到,出海越南的企业似乎可以分成两大类。

第一类是把越南视作转口出海到其他国家尤其是欧美国家的一个跳板。

第二类是把越南当地当作一个市场,用自己的产品和服务去服务当地的消费者,比如,电动自行车制造企业、饲料生产企业等。

如果说第一类企业是来"过河"的，那么第二类企业则是来"耕田"的。这两类企业的商业模式各有长处，很难说孰优孰劣。但让我感触最深的是：这一天我感知到的越南，似乎和我第一天了解到的越南有了一些分别。

第一天，我认为越南处于中国 20 年前的发展阶段，然而，在深入了解越南之后，我发现在消费理念、对产品的要求、对品牌的认可度等很多方面，越南比我想象得更为先进。所以，越南本土也是一个巨大的市场。如果能够找到满足当地独特需求的方法，就能取得成功。

中国"小电驴"勇闯越南就是一个典型案例。要在越南做好电动自行车，要考虑很多只有在越南才需要特别关注的事情。比如，因为靠近海边，盐酸的腐蚀更为严重，所以企业可能需要进行大量不同的测试，以确保车架能够耐腐蚀。又比如，越南的道路非常崎岖，因此需要测试车辆的抗颠簸能力，确保反光镜不会因车辆震动而脱落。除此之外，还要考虑涉水性、紫外线照射导致车漆脱落的情况，等等。

每个国家的消费者都有其独特的需求，在时代的变迁中这些需求往往未被满足。当你能够满足时代变化所带来的需求时，你就能实现真正的增长。

如果你只是把越南当作一个低成本的加工基地、一个规避贸易摩擦的中转站,那么,你很可能会举步维艰。但如果你把越南当作一片未曾开垦的肥沃土地,一点点研究当地消费者的需求、消费习惯乃至当地的气候、环境、文化背景,一切就又都不一样了。

"过河"的企业,只是越南的过客。而"耕田"的企业,在这里找到了属于自己的一片沃土。

祝你也能找到属于自己的一片沃土。

全球供应链重构中盛开的花朵

来越南的第三天,我们拜访了一家位于河内附近的ODM(原始设计制造商)领域的头部企业,它为许多头部手机品牌提供代工业务,越南是它出海的首选。这家企业的分享,让我有了一个特别的感悟:很多企业到越南出海,真的不是为了降低成本。

越南建厂,其实并不便宜

提到"产业链转移",提到"东南亚市场",大部分人想到的第一件事,一定是较低的劳动力价格。

确实,人口红利带来的劳动力价格优势,是中国过去40年高速发展的重要因素。在中国人口红利向人才红利转型的同时，一系列劳动密集型产业都在向劳动力价格更低的地方转移，比如孟加拉国、墨西哥等地。

那么，为什么说企业来越南不是为了降低成本呢？是越南的劳动力并不便宜吗？

并不是。

越南工人的月工资普遍是 3000～4000 元，而中国工人的月工资普遍是 5000～6000 元。看起来，越南的人力成本确实便宜了不少。

但别忘了，劳动力只是产业链中的一环。好几家在越南建厂的企业都告诉我，劳动力以外的其他成本如今在越南并不便宜，甚至远远高于国内。

比如，土地成本。目前，越南的土地租金比大部分人想象的都高，在这里建厂的企业负责人告诉我，和贵州等地相比，越南的土地成本大约要贵上一倍。

再比如，物流成本。越南目前的产业链并不完善，很多原材料都需要从中国进口，物流成本可能会让企业的原材料价格提升好几成。

另外，员工可以本地招募，但管理层大概率要从国内派来。这其中的差旅成本，以及外派产生的补贴，也必须计算在内。

很多中国企业都说，算一算总账，在越南建厂的综合成本和在国内建厂其实相差无几。

这种相差无几也体现在产品价格上。我参访的一家代工企业，在国内和越南都有工厂。负责人说，越南工厂的报价和国内工厂的报价几乎相同，就算有差距，也只是极小的差距。

这就奇怪了，不是为了节约成本，那是为什么而出海？

答案其实很简单：很多企业并没有那么想出海，更多是不得已而为之。出海不是没苦硬吃，而是遇到无法解决的难题后做出的无奈选择。

具体来说，这些企业是被三种因素"拉"着、"吸"着、"推"着出海的。

有些企业是被自己的客户"拉"着出海的。

众所周知，2018年，中美经贸摩擦在短时间内持续升级。在"美国优先"的口号下，美国对中国以及相关的供应链进行了各种不合理的制裁。比如，很多关键的零部件不允许中国企业购买；在中国生产的产品要么面临高额关税，要么面临直接的政策限制，等等。

为了规避风险，很多下游企业客户开始寻找中国之外的供应链"备胎"。一家中国企业的负责人对我说："如果我不出海建厂,我的客户就根本没法买我的产品。"

有些企业是被关税"吸"着出海的。

美国对中国企业进行限制的最直接举措是加征关税。在越南生产的产品,如果符合美国对本地化率的要求,几乎是免税的。[1]而在中国生产的产品,动辄就要被征收25%的关税。交给美国政府的这些关税,可都是企业辛辛苦苦赚到的利润。于是,很多中国企业被这种关税政策"吸"到了越南。

还有一些企业是被劳动力关系"推"着出海的。

相信你也发现了,近几年,中国年轻人的工作模式和工作心态发生了天翻地覆的变化。这种变化,尤其体现在需要产业工人的制造业中,"00后"这一代年轻人已经不愿意进厂了。

有企业和我分享,它们在国内招工面临三大难题:一是越来越贵,二是越来越难找,三是越来越难留住。这也是许多制造企业共同的困境。费尽周折招聘到一批工人,投入大量资源和时间对他们进行培训,然而,他们刚刚熟练上手,就纷纷提出辞职。这样的场景在制造企业中屡见不鲜。

---

[1] 2025年7月,美国总统特朗普表示,美国已与越南达成贸易协议,将对越南商品征收20%关税,对经越南输美商品征收40%关税。

很多人说,这是因为年轻人太浮躁了,沉不下心来。但我觉得,不能这样归因,追寻符合自己内心的生活是每个年轻人的权利。

中国企业当下在国内面临的招工难问题,不是一个价值观问题,也不仅仅是一个人口问题,而是一个时代变迁的问题。人口结构的改变,往往是经济转型的先行指标。有的时代过去了就是过去了。既然过去了,就不要再留恋,要往更高、更上游的产业走。

但在越南,情况却完全不一样。我参访的企业的负责人告诉我,越南年轻化的人口结构让招工完全不是难事,并且越南年轻人愿意沉下心来学习技能,在一家工厂长期耕耘。这让很多中国企业看到了发展的机会。

越南经济繁荣得益于时代红利

好了,三种因素解释完了,你有没有意识到什么?

相信你不难发现,越南的发展,除了得益于其自身的优势,更有国际政治因素的影响。

简单来说,越南经济的繁荣来自一个非常偶然的历史机缘:

此前几十年,世界上有美国这个超级买家和中国这个超级卖家，一买一卖，挑动了世界经济发展的大动脉。但是，突然间，买家和卖家在做生意上有了分歧，怎么也谈不拢。于是，美国这个超级买家开始寻找中国之外的大卖家，而中国这个超级卖家也开始寻找把产品卖出去的新方法。

那怎么办？摊开世界地图一看，哎呀，越南，这里不错。

对中国来说，它距离近，文化高度相近，把生产线移到这里，从成本到文化都可接受。

对美国来说，它人口基数够大，年轻人足够多，生产出来的产品自然足够便宜，是个理想的卖家。

就这样，在机缘巧合之下，越南成了一朵在全球供应链重构中意外盛开的花。

以后，这朵花会继续盛放吗？

经贸摩擦产生的时代红利让越南"渔翁得利"，但红利总有结束的时候。

越南正逐渐收紧政策，加强管理。好几位在越南做生意的企业家告诉我，越南政府对来自中国的投资管得越来越严了。出海到越南的企业在环评、消防、海关等环节都受到越来越多的检查和约束。他们说，虽然越南还是非常欢迎投资，但是已经不太欢迎无序投资了。

什么叫无序投资？打开天窗说亮话，就是单纯套个壳，把中国的原材料运来，在越南进行最基础的加工，再将产品卖往欧美市场。越南希望得到的，不是这种无序投资带来的虚假繁荣，而是真正的投资。

快进版的产业集群游戏

越南的经济，就像在玩一个跷跷板：一端是与中国的关系，另一端是与美国的关系。但中美经贸摩擦带来的机会来得快，去得可能也很快。所以，越南必须小心翼翼地使这个跷跷板保持平衡。一旦动静太大，就会摔得四仰八叉。而越南最不希望的，就是被看成中国的"中转站"，因为这很可能会招致美国的贸易制裁。

这种心态，是所有来越南投资建厂的企业一定要注意的。

而这种心态最具体的体现，就是越南对本地化率的要求。

我去过的所有承接产业转移的国家都有本地化率的要求，越南也不例外。越南要求的本地化率根据行业有所不同，有的行业是30%，有的行业是40%，甚至更高。

现在，你一定可以理解越南为什么设置这样的要求。这不仅是为了规避潜在的国际政治风险，更是为了发展本地的产业。

在发展本地产业的思路下，如今正在越南发生的故事，又一如 20 多年前的中国："链主"先来，随后"补链"。

第一波来越南的企业，大多是一些"链主"企业。"链主"企业来了之后，配套的上下游企业都会随之而来，比如，做包装的、做组件生产的。

20 多年前，我们也是这样，一个园区接着一个园区地建设。只是今天，越南像是在玩快进版的产业集群游戏。一个个产业园区拔地而起，一家家配套企业陆续进驻，产业链的拼图迅速完成。

这种"补链"还在进行之中。很多企业的负责人告诉我，他们在本地采购时面临两个问题：买不到，或者买得到但质量不稳定。

这就像是在拼拼图时，发现有些拼图块还没到位，有些拼图块虽然看似能放进去，却并非严丝合缝。

但有问题，才有机会，正是在这一进程中，整个产业的每一环都能在这个新兴市场找到无穷的机会。

这一切，那么粗糙，却又那么美好。

不断尝试的中国企业

坐上飞机，离开河内，我们来到了越南的经济中心、南方重镇胡志明市。

几十年前,南北越分治,那时的胡志明市还叫西贡,是南越的首都。西贡商业发达,文化繁荣,一度有"东方巴黎"的美名。1975年,内战结束,两越统一,1976年,西贡改名为胡志明市,以纪念越南人民的伟大领袖。

作为越南的经济中心,我明显感觉到胡志明市比河内更繁华。我非常期待,想了解这边的中国企业是怎么看越南、怎么看待出海的。

白天,我们去了离市区2小时车程的龙江工业园,一路戴着安全帽,进进出出一个又一个厂,参访、听讲座,一路下来,我有个特别深的感受:中国企业出海实在是太不容易了。但同时我也看到,不论如何困难,中国企业从来都没有放弃尝试,直到找到新的解决办法。傍晚,回到市区,我坐在街边,喝着果汁,深度感受着越南人的喜乐。

白天,在井然有序的中国企业,我感受到的是中国企业的不屈精神。

晚上,在悠闲松弛的越南街头,我感受到的是越南人的朝气和满足。

同一个胡志明市,仿佛存在着两个世界。这两个世界互联互通、彼此包容,让人感动。而这种和谐,或许得从一个数字开始说起——3.5%。

税 3.5%

为什么我们白天从市区开了 50 公里车也要去龙江工业园呢？"3.5%"就是原因。

越南的很多政策是向中国学习的，比如税费优惠。入驻龙江工业园的投资商可以享受越南最优惠的税费政策"四免九减半"。

越南的企业所得税基本税率是 20%，但是，龙江工业园里的企业，自有收入那年开始算起，之后 15 年都只须按税率 10% 缴纳企业所得税。其中，从盈利之年开始，可以享受 4 年的免税期。

数字太多看着迷糊？没关系。你只需要知道，在入驻龙江工业园的情况下，假设企业从第 3 年开始赢利，综合考虑各种优惠政策，企业到越南注册投资的 15 年里，需要交的企业所得税大概是应纳税所得额的 3.5%。

从 20% 到 3.5%，企业节省的钱真的不是一个小数字。对有些企业来说，这前 15 年的税费优惠能节约出两三个厂。

除此之外，加工出口企业，得进口原材料对吧？符合规定的原材料进出口税也可以免去。

而过个高速公路，去对面建厂，就不能享受到这些优惠了。

不仅如此，入驻龙江工业园还有很多好处。

出海，你最担心的事情是什么？人生地不熟，没弄明白游戏规则，无意间就踩了坑。但是，在龙江工业园，政府有什么要查的，都会通知园区，园区再通知企业，让企业提前做好准备。

龙江工业园的地理位置也很便利。它距离市中心、港口、机场都是 50 公里左右。货物加工好，从园区送去哪里都很方便。

这么好的优惠政策、这么便利的条件，自然吸引了大量外商来投资，尤其是中国企业。

现在，龙江工业园的入驻率已经超过 8 成了，中国企业占了 75%，上市企业有 16 家。

这样看来，出海好像不是很难啊。"只需要打开地图，点击越南，然后放大、放大，找到这样的园区，不就行了"？

不太行。

我和园区里的几位企业高管交谈后发现，原来不少先行者企业并不是第一次就精准地选了越南，而是在不断地尝试中锁定越南的。

中国企业出海，百折不挠

所有企业都有一个最朴素的愿望：提高收入，降低成本。想提高收入，就会琢磨如何把产品卖去售价更贵的地区。想降低成本，就会琢磨如何把工厂建到成本更便宜的地区。

中国企业出海选择目的地的时候往往会考虑三个方向：一是离目标客户近的地区，比如墨西哥；二是潜力比较大的地区，比如埃及；三是离家门口近的地区，比如越南。

但是，不管到哪个地区，企业都有可能遇到阻碍。你想提高收入，它给你提高成本。你想降低成本，它给你压薄利润。

比如，这次我们参访的一家中国企业，主业是做金属加工的，加工完把产品销往北美。这家企业好不容易拿下了百万美元的大单，第二年却遭遇了加拿大针对中国企业的反倾销投诉，销售收入直接打水漂，一年到头白忙活了。不仅如此，反倾销这事儿很麻烦，一旦定性，企业税率猛提到100%。

看到邻居加拿大在闹，美国也跟着掺和，开始投诉这家企业反倾销。

这家企业应诉说自己没有低于成本价销售，于是，就有人来查成本了。查完之后，税率从100%降到60%，但还是非常高。

加工行业的利润原本就薄如纸片，而高昂的人力成本进一步压缩了盈利空间。如果再叠加高达60%的税率，这家企业和美国本土企业相比就没有任何竞争优势了。

为了避开针对性的调查，2007年，这家企业来到越南建厂。

为什么之前不来？因为前面说的3.5%的税费优惠政策是2007年才开始有的。

越南劳动力相对更便宜，越南人也没有强烈的"升职加薪"的执念，做事情比较务实，再加上税费优惠政策，这家企业才能在越南暂时站稳脚跟。

我们又来华为了

当然，没有一个海外地区是完美的，越南也不例外。所以，企业出海永远没有一劳永逸，只有不断面对新的挑战，不断硬着头皮想办法解决问题。

在这方面最有发言权的，是26年前就来到越南的老大哥华为。

在问道全球时，我每到一个地方，都特别喜欢去华为。我去过华为在沙特阿拉伯、阿联酋、墨西哥的总部，这次来越南也不例外。

相比其他出海的企业，华为已经在越南深耕多年。看越南，新手看到的往往是表面，比如较低的税率、廉价务实的劳动力、中国企业在越南的蓬勃发展等，而华为这样的先行者，因为拥有时间叠加的智慧和空间跨越的经验，看到的是更大的全貌。

越南对涌入的中日韩企业的态度，取决于这些企业带来的是利益还是竞争。

比如，越南对制造业的转移是比较欢迎的，因为制造业帮助越南完善了工业链。类似地，越南也希望外国企业参与基础设施建设，比如高铁项目。然而，在信息和通信技术产业，越南会对企业设置较高的门槛，对它们进行严格的限制。

越南是一个温和的邻居，但绝不是一个唯命是从的邻居。

对这样一个邻居，华为展示的是深耕者的智慧：能合作的地方，持续推进；有风险的地方，谨慎避开。同时，在全球范围内布局潜力区域。

越南也护犊子

如果让我用一个词来形容这几天越南给我的感觉，那就是"扎实"。

越南的发展注重学习和突破。不懂就去学，该啃的硬骨头就努力啃，扎扎实实，步伐稳健，节奏健康。

在产业分工体系里，越南看似是个弱势角色，但它也有强硬的一面。

越南的合规要求非常严格

越南离我们很近，自然而然地，中国企业做跨境电商时往往会把越南作为首选市场。但是，2024 年 11 月，越南暂停了两家中国跨境电商头部企业的业务，分别是快时尚电商 SHEIN 和拼多多海外版 Temu。官方给出的解释是两家企业未完成越南政府规定的注册流程。

对于这件事，我的感受是，这就是越南在面对"外来物种"入侵时采取的一种自我保护措施。就像美国五大湖里的亚洲鲤鱼、英国泰晤士河里的大闸蟹，这些外来物种在当地没有天敌，繁殖迅速。虽然中国人觉得鲤鱼、大闸蟹可以做成美味佳肴，但当地人却觉得它们威胁到了本土生物的生存空间。

越南近年来的经济增长主要依赖两大产业：制造业和互联网。其中，高端制造业以及互联网领域的数据和技术，是越南所护的"犊子"。

怎么护？两个字，合规。

企业出海到越南会遇到"合规性"这头拦路虎。

如果你只做一些小生意，越南政府可能压根儿不会管你。然而，但凡你想把生意做大，你就得啃下这块硬骨头。

越南在合规方面几乎是东南亚最严苛的,对互联网电商的合规性要求尤其严格。因为越南惧怕自己的实体经济被冲击,更不希望实体经济被外来的电商企业冲击。

前几年,跨境电商在越南野蛮生长。当时,越南的相关法规几乎一片空白,没有明确的规定来区分低额和高额交易,也没有清晰的流程规范。但现在,意识到电商会对实体经济造成冲击的越南迅速建立起相应的法规体系,加强数据保护,强化监管。如今,对于能做什么和不能做什么,越南都有了明确的合规要求。

这种合规要求不仅针对外国电商企业,也针对本土电商企业,比如,越南砍的第一刀就是面向被称为"小腾讯"的VNG。VNG曾因数据隐私问题被调查,十几名高管被带走接受问询。无论是本土企业还是外资企业,越南在合规问题上都没有任何通融的余地。

在我们这两天参访的企业中,"合规"成了一个高频词。几乎所有企业都把合规看成优先级最高的事项。在合规方面,越南会不留任何退路地强硬执法,企业不能有任何侥幸心理。

在越南的三个体悟

"有朝一日做大了,一定要时常回顾你走过的路。"这是我在越南的一个深刻体悟。然而,接下来的行程让我又有了另外三个体悟，它们同样重要，却有些微妙。

每个体悟，都对应着去越南做企业的一个条件。

第一个体悟是：我们做同样的事情，但你不能来，我要自己做。

比如打车软件。你在越南街头打车，来的大概率不会是一辆四轮汽车，而是一辆两轮摩托车。胡志明市的交通状况让我大开眼界：街上的摩托车像潮水一样涌动，汽车反倒显得格格不入。

为什么呢？因为道路普遍较窄，产业布局和地形限制让道路扩展极为困难。再加上汽车价格昂贵，停车场建设受限，摩托车就成了最务实的选择。

来接你的摩托车驾驶员的绿色头盔上通常印着"Grab"，Grab 就是越南版的滴滴。越南有了 Grab 之后，就迅速挤走了 Uber，更不准滴滴进入。另一家紧跟着进入网约车市场的本土企业 GSM 则成了越南第二大网约车企业。

这可以理解。这类网约车企业本质上是大数据公司，它们不仅涉及乘客的数据，更重要的是掌握着国家道路交通的数据。

第二个体悟是：我和你做同样的事情，但你只能通过投资我来参与。

比如,腾讯投资了越南互联网头部企业 VNG。VNG 的创始人之前是一家网吧的老板。在经营网吧时,他发现很多越南人都很喜欢玩在线游戏。于是,他开始思考互联网游戏的发展模式以及如何在这个市场中赚钱。

当时雷军还在金山软件公司,这位创始人找到雷军,经过一番努力,成功签下了《剑侠情缘网络版》的游戏业务代理权。几个月后,游戏在越南成功推广,VNG 逐渐成形,并借此发展壮大,最终吸引了腾讯的投资。

VNG 的游戏业务以小程序游戏为基石,随后又通过旗下的移动支付平台深度介入了外卖等本地生活服务市场。基本上,腾讯在国内做的事情,VNG 在越南也做了一遍。而 VNG 获得的回报,也会分一部分给腾讯。

第三个体悟则是:你想在当地开展业务,基础设施建设部分必须用我的企业,而且我要获得控制权。

比如,如果中资企业想在越南开展云计算业务,必须找一家越南本土的运营商来运营,且越资要占股 51% 以上。[一]

[一] 2025 年 1 月起,根据越南新修订的《电信法》,越南不再对云计算领域设置外资股比限制。

总结来说，这三个条件分别是：自己做、投资我、反控制。这三个条件使中国企业在越南开展业务又多了三层不易。

越南有它的"小特斯拉""小三星""小腾讯"

在中国企业不断出海到越南的同时，越南的企业也在不断成长。

关于全球产业分工，你我或许有过一个刻板印象：欧美国家负责制定科技标准，推出创新产品；亚非拉国家则是以低端加工为主，以及源源不断地向别国输出原材料。

但是，去了越南你会发现，越南早就不只有低端制造了，已经有不少高端制造企业在冒头。

和你简单讲讲三家企业。

第一家企业是 VinFast。它是越南本土的一家电动汽车制造商，号称"小特斯拉"。作为越南的制造业新星，VinFast 正在准备全球扩张，计划在美国建立工厂。这意味着，越南正从代工厂模式逐步向发展自主品牌转型。

第二家企业是 FPT。这是一家科技集团，号称"小三星"，其业务涉及 IT 服务、电信以及芯片设计服务等。芯片制造因工序的不同而呈现出不同的难度。比如，封测环节的难度是无法与设计和制造环节相提并论的。而在制造环节中，又包含光刻、刻蚀、薄膜沉积等多种复杂工艺。但是，当FPT旗下的半导体公司成功推出越南第一批芯片时，越南正式向全球半导体行业迈出了重要一步。

第三家企业就是我们刚才说到的VNG。它是越南的头部互联网企业，号称越南的"小腾讯"。在越南时，我想用微信给导游小潘转账，他却说："不好意思，我们这里用不了微信支付，得用Zalo。"Zalo就是VNG旗下的"越南版微信"，它的全球注册用户已经超过了1亿人。就像腾讯不仅拥有微信，还涉足游戏、音乐、云计算和金融科技等领域一样，VNG也布局了类似的多元化业务，拥有自己的软件和服务。

看到这里，你有什么感觉？越南和你想象中一样吗？

第六站

问道印度尼西亚

06

对未来有信心,或许一切就会欣欣向荣

结束越南之行后,我们马不停蹄地赶往"问道全球"的下一站——印度尼西亚(以下简称印尼)。

说到印尼,你会想到什么?是炎热的气候、千岛之国的美誉,还是香醇的咖啡?

没错,这些都是印尼的标签。但除了气候和特产,印尼更引人关注的是它近几年的快速发展。不知不觉,印尼已经在全球制造业中占据了一席之地,在东盟十国,它的 GDP 更是排在榜首。

对许多中国企业来说,印尼已成为出海的首选之地,坊间甚至流传着"得印尼者得东南亚"的说法。但是,关于出海印尼,不同的人有不同的看法:有人说印尼是一片丰饶的土地,只等人耕耘;有人抱怨它的关税太高,壁垒难以翻越。

那么,真正的印尼究竟是什么样子?在这片神奇的土地上，到底发生了什么？

请你跟我一起来看看。

好了，我们的飞机已经降落雅加达。

迁都

说到雅加达，就不得不提起一件重要的事：虽然它目前仍是印度尼西亚的首都，但之后就不一定了。根据央视新闻报道，2024 年 11 月，印尼政府通过了一项法案，决定取消雅加达的首都地位，将其设为特区，同时将首都迁至加里曼丹岛的努山塔拉。

这让人不禁疑惑：好好的首都，为什么要变呢？

这要从印尼的地理位置说起。印尼是一个呈东西走向的国家。大体上看，它的西侧是苏门答腊岛，东侧是苏拉威西岛和西巴布亚，北侧是加里曼丹岛，南侧是爪哇岛。目前，印尼总人口约为 2.8 亿，其中超过一半以上的人口集中在爪哇岛。雅加达位于爪哇岛的西北角，常住人口超过 1000 万，它不仅是印尼的商贸中心，也是东南亚的重要交通枢纽。

你看，印尼国土辽阔，但人口却高度集中在这么一小块区域。

这会造成什么后果？以雅加达为例，多年来，它一直饱受"大城市病"的困扰：交通拥堵、地面下沉、城市内涝……雅加达及周边地区承受的人口和经济压力已经远远超出了其负荷能力。

更令人担忧的是，BBC报道称，雅加达已成为全球下沉速度最快的城市之一。如果情况持续恶化，到2050年，部分城区可能会被海水淹没。

面对这样的困境，印尼政府决定：不在这里挤了，换个地方。

于是，迁都努山塔拉的计划应运而生。把新首都定在这里，不仅是为了缓解雅加达的压力，也寄托了印尼政府发展其他地区、更好地利用其地理优势的期望。而雅加达在迁都后仍将作为特区，继续发挥作用。

印尼初印象

落地雅加达之后，我马上就小小地意外了一下：机场真大！

雅加达苏加诺-哈达国际机场（下文简称雅加达机场）的面积真不小，我走了半天都没走到头，内部设施相当现代化。来之前，我本以为这里的机场设施可能比不上国内，但亲眼所见后才发现，它毫不逊色。

在行李提取区,墙上悬挂着巨大的电子屏幕,还装饰着许多绿植。更让我印象深刻的是,就连放置灭火器的墙上,也点缀着当地特色的手绘作品。虽然我不懂艺术,但这些细节让我觉得既有趣又充满文化气息。

关于机场,我还想分享一个小细节:过海关时,刷一下护照即可通行。说实话,这是我第一次在海外见到这样的设施。虽然上海浦东机场也有刷护照通行的服务,但那仅限于中国公民。而在雅加达机场,作为外国人,我也能凭护照快速通关,完全无须与工作人员接触。这种便捷让我感到非常先进——或许是我孤陋寡闻,但这样的体验确实令人印象深刻。

不得不说,雅加达机场真是一个好机场。

但还没来得及感慨太多,我就被冻得打了个哆嗦。

奇怪,明明在热带地区,怎么会这么冷?"冷"是印尼给我留下的一个深刻印象。

这里说的"冷",指的不是当地的气候冷。我到雅加达的那一天,当地的最高温度超过了30℃。身处室外的时候,我感觉这里和三亚差不多,又湿又热。但是,只要身处室内你就会发现:冷气开得超级大。

一出门,又湿又热;一进门,风又大又冷。之所以会出现这样的反差，一个重要的原因是引流。在常年炎热的热带国家，人们长时间待在户外，严重时甚至会有生命危险。这时，一个充满冷气的商场就成了"沙漠中的绿洲"，自然会吸引更多的人流。

对印尼的另一个印象，则是"堵"。

出了机场之后，我们坐上大巴，刚上路，我们就堵在了路上。我原本以为这只是特殊情况，但后来我才发现，我们在雅加达无论去哪里，一路上都在堵车。短短一公里的路，就要开十多分钟。

前文提到，印尼迁都的重要原因之一就是交通拥堵。雅加达及周边地区有3000万人口，每年因交通拥堵造成的经济损失高达100万亿印尼盾（约合441万元人民币）。为什么这么堵？一个原因是路特别窄。而路特别窄，要归因于土地私有化，征地很困难。

伴随着堵车，一个神奇的现象出现了：当地的普通居民自发地出来指挥交通，而与此同时，一些穿着五颜六色衣服的小丑会到马路中间表演节目。

这让我想起一句话：不要轻易嘲笑别人的解决方案，因为你可能并不了解他们面对的问题。每一个看似不合理的现象，或许正是特定环境下的最优解。

所以，当你下次遇到一个奇怪的现象时，不妨先停止质疑，问问自己：为什么会这样？它能解决什么问题？

不要带着偏见看问题，而是要用同理心寻找答案。

不一样的印尼文化

在路上，热情的华裔向导为我们介绍起印尼。他讲到的一些印尼文化，让我感觉很"不一样"。

这位华裔向导从小到大都在私立学校读书，他说，印尼学生的压力不大，比如，小学生通常上课到中午，高中生则到下午两点。放学后，学生们会去补习班或参加一些活动，一般下午三四点就能回家。

这让我觉得很有趣。中国孩子大多就读于公立学校，而在印尼，私立学校非常普遍，包括私立小学、中学和大学。许多印尼家庭甚至会特意选择让孩子就读私立学校。

为什么呢？是因为私立学校的教育质量更高吗？这的确是一个重要原因。举个例子，向导提到，很多当地人会选择让孩子就读华裔办的学校，不仅因为这些学校的教育水平较高，还因为它们特别重视礼仪教育，比如尊重长辈。

尊重长辈，这不是理所应当的吗？这需要结合当地的社会背景来理解。向导解释说，印尼很多家庭中的父亲因在本地收入较低，常年在外工作，导致孩子缺乏父亲的关爱和管教，不太懂得尊重长辈。但在华裔家庭，无论贫富，都很重视家庭教育。

当然，私立学校的学费也更高昂。因此，在雅加达这样的大城市，不少家庭开始选择少生优育。

不过，除了教育质量和家庭观念，印尼人选择私立学校还有一个重要原因——当地的宗教环境。

印尼有超过 80% 的人口信仰伊斯兰教，还有不少人信仰基督教、天主教、印度教、佛教等。这里的宗教文化非常多元，所以，学校会设置宗教课程。不过，公立学校的宗教课程设置往往满足不了这么多元的宗教文化需求。于是，除非经济条件不允许，很多当地人都会选择私立学校。

教育只是印尼多元宗教文化的一个缩影。在这里，身份证上甚至可以标注个人的宗教信仰。

当地的饮食文化也与中国不同。

印尼地处热带，气候炎热，所以，这里的人们养成了喝冷饮的习惯。在雅加达，你很难找到常温水，都是冰水。不光水是冰的，红酒也是冰的，甚至茶都是冰的。

和"冷"同样让人印象深刻的，还有"甜"。印尼人实在是太爱"甜"了，什么都要加糖，红茶是甜的，薏米水也是甜的。如果你不特意要求，他们默认的口味就是甜的。

为什么印尼人会形成嗜冷嗜甜的饮食文化呢？其实答案很简单。在一个常年气温在35℃以上的地方，喝一口冰镇饮料，是多么爽快的体验啊！另外，过去印尼人的经济条件有限，很多人习惯吃甜食，因为甜食能带来更强的愉悦感。而且，这里还是甘蔗的原产区。

不一样的文化，隐藏着商机。比如，提到蜜雪冰城，你会想到什么？价格实惠、饮品冰凉、口味甜蜜……每一个特点，都精准地契合了印尼人的需求。据36氪报道，蜜雪冰城在印尼已经开出了2000多家门店。

这种出海的商业智慧，或许就在于深刻洞察当地消费者的生活方式和文化偏好。

这让我想起了肯德基。谁能想到，一个洋快餐品牌竟然在中国卖起了早餐粥？但正是这种对当地文化的深刻理解，让它在中国站稳了脚跟。

印尼人的数字生活

看着生意火爆的蜜雪冰城，我也想买一杯尝尝，可是，该怎么付款呢？

向导说,他们用印尼版的"支付宝"。这是当地银行提供的一款 app,统一接入了 QRIS 支付系统,用户只要扫描二维码就能付款。

在这种便捷的支付方式出现后,很多咖啡店就不再愿意接收现金了,因为这样就不用担心现金被盗了。

根据印度尼西亚银行(BI)公布的数据,截至 2024 年 10 月,印尼 QRIS 交易量增长迅猛,用户数量达到 5330 万,商家数量达到 3423 万。

除此之外,印尼人平常还用哪些 app 呢?

很多印尼人会把 Facebook 和 Instagram 作为日常社交平台,刷视频则会选择 YouTube 和 TikTok。聊天时,他们常用 Facebook Messenger。但在叫外卖和打车时,他们会用一些东南亚本土的 app,比如 Grab 和 Gojek。这两个平台既可以叫车,也可以点外卖。Uber 曾经试图进入印尼的网约车市场,但最终没能成功。

正处于蓬勃发展中的印尼

通过和朋友交流,我了解到,印尼的人力成本不高。以雇用保姆为例,每月只需要约 1500 元。因此,印尼的许多中产阶层家庭都能轻松负担起雇用两名保姆和一名司机的费用。

一位企业家朋友提到,他认识一个比较富裕的家庭,雇用了 8 到 10 名保姆以及好几名司机,每个孩子都有专属的司机和保姆。

根据霞光智库和印尼在线求职招聘平台 KUPU 联合发布的《2023 年印尼用工市场趋势研究报告》,2022 年雅加达的平均月薪最高,约为 1830 元,而中爪哇省的平均月薪最低,仅为 725 元左右。

人力成本低,意味着当地人的收入也比较低。但印尼人对未来充满信心。

到达印尼的第一天,我们参访了一家"巨无霸"企业。这家企业大到什么程度?负责人说,它的服务范围覆盖了印尼人从出生到死亡的每一个阶段,涉及房地产、医疗保健、社区服务、零售和金融等多个领域。

这让我很惊讶:在很多国家,如果存在这样一家什么都做的企业,覆盖一个人从生到死的大部分需求,人们可能会产生一些负面情绪。比如,可能会有人指责资本家垄断了所有利润,认为这是不公平的。

但印尼人对此似乎并无怨言。

为什么会这样?原因之一,可能是印尼正处于蓬勃发展的阶段。

世界银行的数据显示，2023年印尼的GDP增长率达到了5.05%。此外，印尼的人口结构非常年轻。根据2020年联合国的数据，印尼的人口年龄中位数为29.7岁，而且印尼超过60%的人口处于15～64岁的劳动年龄阶段。正因为如此，印尼呈现出欣欣向荣的发展态势，大部分人对未来充满信心。通过一个数据，我们就能窥见一斑：根据印度尼西亚银行的数据，印尼的消费者信心指数一直保持在较高水平（110～130）。

这或许就是经济上行期的乐观主义。

丰田来40多年了，你呢

在印尼调研参访的第二天，我们继续探索印尼的中国企业。这些企业在别人四处看机会的时候，已经开始制定战略规划了；在别人隔岸观火的时候，已经踏上陌生的土地默默耕耘了。

对这些企业的参访让我深切地感受到：你只有到了当地，融入当地人的生活，才能深刻理解当地人的偏好。这个偏好和你在家想象的可能是完全不同的。

"千岛之国"的特殊爆款

有一种电子产品在国内反响平平，但在印尼的短视频平台上却成了爆款。它既不是手机，也不是电脑，更不是游戏机，你猜猜是什么？

答案揭晓：是机顶盒。机顶盒是一种用来给电视机接收信号的小盒子，国内一些年轻人可能对它没什么印象了，但它对印尼人来说很重要。

过去，印尼很多地方用的是无线模拟电视，但渐渐地，无线模拟电视就用不了了。

印尼不是一块连续的大陆，而是由许多岛屿共同构成的国家。这些岛屿的发展速度有快有慢，就像一串明暗不均的灯泡。雅加达在积极开展智慧城市等项目的时候，西巴布亚省的人们可能还在打猎、耕种、燃烧篝火。印尼的一些地区存在着很多与外界隔绝的原始部落，它们仍处于"前现代"的社会状态，如果你想进去开矿、修路或砍树，当地人可能会用枪支或者弓箭来和你对抗。

随着广播电视节目数字化、高清化进程的推进，模拟信号逐渐关停，人们就无法通过模拟信号收看电视节目了，印尼人只能转而使用机顶盒。

但由于印尼的发展不均衡，模拟信号是一个地区一个地区逐步关停的。每关停一个地区的模拟信号，机顶盒的需求就会在当地爆发。比如2022年，雅加达和周边地区的模拟信号被关停后，机顶盒的需求就出现了一波爆发。

这确实很难想象，毕竟，国内已经基本实现了光纤网络全覆盖，人们随时随地都可以通过手机刷视频。

汽车市场的"隐秘刚需"

印尼装满了各种复杂的元素。在这样的环境下，有很多意想不到的需求成为很重要的"刚需"，比如电动后视镜。

在印尼，我们参观了一家中国汽车制造企业。这家企业制造的汽车坚固耐用，性价比高，在印尼市场上卖得非常好，是中国汽车品牌在当地的销售冠军。

它是怎么做到的？关键在于它满足了印尼人对汽车的差异化需求。

印尼的路特别窄，特别拥挤，还有许多小巷子。这种环境对行车有什么影响呢？就像你走在人挤人的道路上会把斜挎包往身前收一收一样，车子和车子之间距离太近，就得收一收后视镜。于是，电动后视镜在印尼就成了刚需，一个方便操控的电动后视镜能减少车辆刮擦事故。这种设计在中国通常不会是一个优先级很高的功能，因为大部分道路又大又宽，就算堵车，汽车之间的间距也很大。

还有一个令我意想不到的刚需设计是AUTOHOLD，也就是自动驻车系统。这个系统的作用是：汽车停稳后，它会使汽车自动保持静止状态，不需要驾驶员一直踩着刹车踏板。

在印尼，自动驻车功能很重要，因为印尼有很多坡道，特别是在通往商场停车场的路上。印尼天气炎热，商场是人们闲暇时的主要去处，车流密集。印尼的商场停车场附近经常出现车辆在坡道上排队等候的情况。如果刹车系统不够可靠，车辆可能会后溜，存在安全隐患。

所以，无论是电动后视镜还是自动驻车系统，在印尼汽车市场上都是优先级很高的重要功能。如果企业想要降低成本，可以在其他功能上动脑筋，但这两个刚需功能是坚决不能动的。

这些市场洞察，只有深入当地市场才能获得。

愿为这片土地创造价值的，才能留下

我们参访的这家中国汽车制造企业，虽然是中国汽车品牌在当地的销售冠军，却不是所有汽车品牌中的第一名。在它前面还排着五六个品牌，全是日本品牌，如丰田、大发、本田、三菱、铃木等。尤其是丰田，牢牢占据着印尼汽车销量榜榜首的宝座。

是因为丰田来得早吗？不是。

我听到的一个关于摩托车的故事，或许能解释这种情况。

20世纪90年代末至21世纪初，中国摩托车有过一段制霸东南亚的时期。但是，后来本田、丰田占据了更大的市场，中国摩托车全线撤退。

为什么会出现这种情况？因为那时候中国企业用的是"贸易逻辑"。这种逻辑存在什么硬伤呢？简单来说，企业只是待在国内，把已有的产品卖出去。它们知道消费者对价格敏感，于是想方设法降低成本，以低价竞争。至于消费者的需求、售后服务等问题，它们一概不管，高高挂起。它们既没有在印尼建厂，也没有在当地配置服务团队，价格低，质量也低。

结果，东南亚许多地区大量采购了中国摩托车，却发现根本不好用，而且摩托车出故障了也没人负责维修。摩托车是当地人重要的交通工具，质量问题让他们感到非常不便。于是，他们对中国制造产生了极大的不信任，纷纷转向其他品牌。最终，中国摩托车在东南亚市场就卖不出去了。

而日本的本田等品牌直接来到印尼，投资建厂，其员工甚至在这里生活，与印尼人共事。

最后，印尼人选择了相对更贵的本田。

听到这里，我的脸颊有些发烫。正因为有这样的前因，后来的中国企业进入印尼市场时面临着巨大的信任成本，必须一点一点地重建信誉。

那么，我们参访的这家企业为什么能在印尼市场取得这么好的销售成绩呢？因为它真正在这里扎根了。

我每年都会给这家企业在国内的青年干部班讲课，也去过它在柳州的工厂。这家企业在印尼建的工厂，与我在国内看到的几乎一模一样，甚至连办公室的结构都差不多，并且它每年都在向客户兑现自己的承诺：第一年、第二年、第三年……到2024年，已经是第七年了。

更重要的是，这家企业只有20多名员工来自中国，其余1000多名员工都是印尼人。一旦汽车出现问题，售后团队会马上跟进，积极解决问题。

这些中国员工刚进入印尼时，当地政府问他们："丰田已经来印尼40多年了，你们打算在这里待多久？"这个问题直击核心：你们的功课，真的做足了吗？你们真的在为印尼人考虑吗？你们愿意付出时间、人力和物力，为这片土地创造价值吗？

如今，比亚迪也进入了印尼市场，并取得了不错的成绩。中国品牌如五菱、比亚迪和奇瑞，都已经跻身印尼市场销量前十。

我很开心，也很感慨。

扎根当地,才能赢得尊重、赚得长久

出口和出海是很不一样的。出口是用各种办法把东西卖出去,而出海从来都不是简单的商品输出,而是人、资本、服务、生产和团队的全面输出。

打一枪换一个地方,是后患无穷的。只有扎根当地,扎扎实实把自己的双手伸进当地的泥土,亲自感受里面的碎石和虫蚁,才能赢得尊重,赚得长久。

而到了当地之后,见到那些不同于你原有认知的现象,你是选择一笑而过还是深度思考,决定了你能走多远。

"半天学"与贷款生活

在印尼,有很多奇怪的现象,比如,在印尼的很多学校,学生通常只上半天学。上午是小学生上课,下午则换成高中生上课。一开始,我觉得这很有意思,心想他们上学怎么这么轻松。但听到一些深度分析后,我才明白其中的原因。

原来,印尼的很多学校无法提供午餐,所以只能采取分时段上课的方式:上午的学生中午回家吃饭,下午的学生则在家吃完午饭后才来上课。这就是他们的解决方案。

天哪!学生只上半天学的原因竟然是学校无法提供午

餐？这真是让人难以想象。

再比如，和当地年轻人沟通，你会发现他们经常把一个词挂在嘴边——贷款。他们会说："我看看我上个月的贷款到了没。"原来，印尼的储蓄率较低，许多人的消费习惯更接近西方国家，对超前消费的接受度很高。贷款成了他们应对生活需求的主要方式。普通老百姓的收入只能勉强维持基本生活，想要改善生活，往往需要依赖贷款。

只上半天学显然不利于人才培养和教育发展。为了解决这个问题，印尼政府正在逐步投入资金，为学生提供免费午餐。同样，长期依赖贷款也不是一个好办法。为了缓解民众的经济压力，政府在推进大规模的债务免除计划，让人们可以重新进入经济健康运转的轨道。

不可忽视的大财团与地方势力

免费午餐、债务免除都需要很多钱，这些资金来自哪里呢？

和中国不同，印尼无法依靠政府大规模投资来刺激经济发展，它的资金主要有两个来源，一是印尼国内的有钱人，比如财团；二是国外的有钱人，比如外资。

为什么印尼政府无法靠自己呢？

在任何一个国家经商，通常都会涉及三个核心利益相关者：消费者、政府、有实力的大财团。印尼有很多大财团，比如力宝集团（Lippo Group）、金光集团（Sinar Mas Group）、三林集团（Salim Group）和针记集团（Djarum Group）等，它们几乎涉足印尼的所有商业领域，影响着印尼的经济命脉。这让我想到了墨西哥，墨西哥有四大家族，企业想去墨西哥开拓业务，必须与四大家族建立联系，甚至在某些情况下，只有与它们合资，才能顺利推进项目。

除了大财团，印尼还有一些强大的地方势力。印尼的政治人物需要依靠这些地方势力来处理当地事务，比如修建桥梁。

这些大财团与地方势力令印尼的商业环境极其复杂，与它们相比，印尼政府并不强势，反而有些软弱。

所以，吸引外资一直是印尼政府的重要方向，它需要用外资带动内资投资，以推动经济发展。这也是为什么印尼与越南一样成为许多外资企业在东南亚的首选投资目的地。

碎片化又复杂的商业生态

虽然"印尼欢迎你"，但想要真正进入这个市场，企业还需要突破重重关卡。

以跨境电商为例，我们来讲讲出海企业在印尼会遇到哪些难题。

几乎每提到一个国家,我都会说:"只有真正理解当地人,你才能准确了解他们的需求,从而顺利开展业务。但'理解'的难易程度是有很大区别的。"从来没有一个国家,像印尼这样,让我如此深刻地意识到这句话的重要性。

如果用两个关键词来形容印尼的商业生态,那就是"碎片化"和"复杂"。

有多碎?有多杂?

比如,人口。猜猜看,印尼不到 3 亿的人口包括多少个民族? 300 多个民族。更别提错综复杂的宗教信仰、民俗文化了。这种多样性使得不同地区的人口味和习惯差异巨大,甚至让人摸不着头脑。做电商虽然理论上可以远程操作,但你认为会火的产品,印尼消费者未必买账。但也正因为这种多样性,许多在国内不被看好的品牌,在印尼反而可能找到机会。

此外,印尼的人口结构偏年轻,人均年龄约 30 岁,但人均工资较低。这也是许多企业选择在印尼建厂的原因之一。

又比如,地理。

印尼是一个群岛国家,拥有 17 000 多个岛屿。从一个岛到另一个岛运输商品,只能依赖海运或空运两种方式。海运速度慢,空运费用高,这导致物流成本天然昂贵,效率也很低下。而商品的定价与物流成本成反比，偏远的地方，物流成本高，商品价格自然也高一些。但越是偏远的地方，对性价比的要求越高。

除了物流成本高，印尼地理上的复杂性还为电商带来了很多难题，比如无法及时补货、退货不便等。这些都是需要电商企业去解决的问题。

不过，顺带一提，正因为物流不便利，印尼人在网上购物的退货率相对较低。比如，时尚品类的退货率约为30%，远低于国内水平。

基于这种复杂的商业生态，为了一手抓住印尼市场的机遇，一手克服印尼商业生态的难题，大部分电商平台在进入印尼时会与当地已经打下深厚根基的企业合作。GoTo 集团就是一个典型代表，Gojek 为它提供出行支持，Tokopedia 则为其提供购物支持。通过一次合作，GoTo 集团同时解决了出行和购物平台的初级本地化问题。

进入印尼市场，合作是关键。但是，合作就能解决所有问题吗？答案是否定的。

保护毛巾和拖鞋

除了印尼天然的"碎片化"和"复杂"，企业还有一块硬骨头要啃，那就是"本地保护"。

在印尼，当地保护的不是高精尖的技术，而是毛巾和拖鞋这样的日用品。

这非常反常识。在中国，受保护的产业通常是高端制造业。比如，2022年以前，外国汽车企业进入中国市场时，中国政府对它们有很多要求，如必须与中方合资建厂，外方股比不超过50%，等等。这也是为什么上汽通用、上汽大众等企业都以"中外合资"的形式存在。

但是印尼不一样，它保护的是低端制造业。具体来说，就是不允许一些外来的质优价廉的产品进入其市场，尤其是生活用品。

走进印尼的超市，日用品的价格可能会让你大吃一惊。一双拖鞋的价格可能高达50元，而在中国，十几二十元就能买到一双舒适的拖鞋。一条像样的毛巾在印尼的价格不是50元，也不是80元，而是惊人的100元。当然，你也可以找到20元的毛巾，但质量极差，掉毛严重，买了一定会后悔。

这种现象在中国很难想象，但在印尼却是现实。很多印尼人月收入一两千元，只够买10条毛巾或20双拖鞋。

为什么印尼政府会做出这样的决定呢？因为印尼是一个

农业国家,很多人依赖土地产出生活,同时也从事低端制造业工作。如果大量低价的日用品进入印尼市场,无疑会对当地低端制造业造成巨大冲击,导致许多人失业。因此,印尼政府选择保护低端制造业,限制外国低价日用品的进入。

所以,深刻理解每个地方生意的独特性,是很重要的一件事。

也许,你可以请教一下老大哥

初来乍到,怎么才能深刻理解当地生意的独特性呢?

或许,你落地后可以先咨询那些已经深入理解过的中国大企业。我们在印尼时,拜访了 IT 服务业"老大哥",收获颇丰。这家企业在印尼已经扎根 20 多年了,其管理者对当地政商环境的研究让我深感震撼。

他们是如何开展研究工作的呢?

首先,具备阅读印尼语原始资料的能力至关重要。因为国内对印尼政局及其他各方面的分析都比较欠缺,甚至有很多信息不太准确。比如,之前提到的印尼要迁都的新闻,有中文媒体报道"雅加达不再是印尼首都",其实,这是错误的报道,根据法律,努山塔拉未来将正式成为首都,但目前雅加达仍然是首都。语言能力是深入了解这片土地的基础。

其次，与当地专家或知情人士进行大量交流并建立关系非常重要，否则很难了解真实情况。在印尼，许多事情表面与实际往往存在巨大差距。很多企业出海是"机会驱动"，没有太多计划就收拾行囊启程了。而那些领军企业已经进入"战略驱动"的阶段了。就像拼图一样，它们会先看整体图景，再寻找对应的碎片，从近到远、从易到难，步步为营，方向明确。

这家企业不仅自己深度调研，还经常将调研结果整理成报告，分享给其他出海的企业。这其实也是一种"销售策略"。通过这种方式，它向所有试图出海的企业展示自己，赢得了极大的好感。当其他企业需要 IT 基础设施如云服务时，会自然而然地想起这家领军企业，与其进行合作。

不仅对印尼当地了如指掌，还与同胞企业互利共生，这位"老大哥"真的很有智慧。

永远站在当地人的鞋子里思考问题

在听取这家企业的讲解时，我深刻感受到它在技术创新方面非常出色。但我最想分享的不是这家企业的技术，而是其管理者精彩的表达方式。

他们说的两句话给我的印象特别深。

第一句是"一秒一公里",形容他们的充电技术有多强。听到这句话时,我立刻感到:哇,这真是太清晰易懂了。如果我是企业客户或消费者,一听到这句话,我就能轻松地进行换算:充电一秒,车能行驶一公里;再充一秒,又能行驶一公里,一分钟就能行驶 60 公里。这种表达看似简单,却是站在客户利益角度进行高度抽象的结果。

第二句是"用比特换瓦特",描述的是其 5G 基站的改良。瓦特是功率单位,而比特则是信息量单位。5G 基站耗能较大,但如果某个区域使用的人不多,基站一直开着就会浪费能源。这家企业通过算法计算当前使用人数,调整基站的开启数量和频率,从而节省电量。这就是"用比特换瓦特"的含义。这种表达不仅清晰明了,还能让政府领导和终端消费者理解背后的技术原理。

从这短短的两句话中,你就能看到这家大企业出海时对当地的研究精神:永远站在当地人的鞋子里思考问题。

这也是我此行最重要的体悟:去海外开展业务,不应是掠夺性的商业行为,而应与当地企业积极合作,站在当地人的鞋子里,换位思考他们的难处。

只有真正踏足这片热土,深入当地,你才能更好地理解消费者,才能看明白你究竟在向怎样的"人"销售产品。

印尼人和我们一样，是有血有肉、有偏好也有厌恶的消费者和生产者。在回程的路上，我听到一个生动的小故事：一位印尼同事被外派到北京办公室，每天中午都会去泡泡玛特看看新品，有时甚至忘记吃饭。这让我想起了我的年轻同事们，从这位印尼年轻人身上，我仿佛看到了他们的身影。

当你去印尼开展业务时，看到眼前一个个印尼员工和消费者，会不会也想到你的家人和朋友？你是否会像对待家人一样，花费数十年时间，认真、细致、抽丝剥茧地去了解他们的喜好？

回程路上，我望向窗外，脑海中不断回响着那句话："丰田已经来印尼 40 多年了，你们打算在这里待多久？"

第七站

问道美国东部

07

硅谷人"改变世界",波士顿人"拯救世界"

2025年1月,我抵达美国波士顿,开启了为期9天的美国东部考察之旅。1月的波士顿,气温低至零下10摄氏度,大雪纷飞,寒风刺骨。

波士顿,是一个很多中国人都听说过名字却不甚了解的美国城市。吃货们的第一反应往往是"波士顿龙虾",球迷们会想到"波士顿红袜队",而在咨询圈,这里以世界三大咨询公司之一的"波士顿咨询"闻名。

那么,波士顿究竟在哪里?我们为什么要选择这里作为问道美国东部的第一站?

波士顿位于美国东北部,是一座海港城市,距离经济中心纽约约350公里,距政治中心华盛顿约700公里。它的纬度与中国沈阳差不多,再往北走大约500公里,就是加拿大的蒙特利尔——一个非常靠北而寒冷的城市。

很多人说，美国只有 200 多年历史，缺乏文化底蕴。这话或许有一定道理，但如果对波士顿人这样说，他们一定不会认同。

波士顿市创建于 1630 年，拥有近 400 年历史，是北美大陆最早开发的城市之一。它所在的马萨诸塞州是美国独立时最初的 13 个州之一，著名的"五月花号"就是在马萨诸塞州登陆的。

当然，使波士顿被历史深刻铭记的，是发生在 1773 年的"波士顿倾茶事件"。为了抗议英国东印度公司垄断茶叶贸易，几十名波士顿"爱国者"化装成印第安人，潜入停泊在波士顿港的 3 艘英国商船，将 342 箱茶叶倒入大海。

这一事件彻底激化了英国与北美殖民地的矛盾，成为美国独立战争的直接导火索之一。

而最让波士顿人自豪的，可能要数他们的教育。

波士顿是马萨诸塞州的首府，地位相当于中国的省会。马萨诸塞州这个名字或许会令人感到有些陌生，但它的简称"麻省"可谓人尽皆知。

没错，麻省理工学院和举世闻名的哈佛大学都位于波士顿。整个波士顿大都会区拥有超过 100 所高等院校，享有

"美国雅典"的美誉,是全美公认的教育文化重镇。

教育改变人生,这一理念流淌在每一个波士顿人的血液中。

这不,刚到酒店,我就遇到了一个特别鲜活的例子。

下飞机、出海关、乘车来到酒店后,我想打开定位发个朋友圈。咦,奇怪,我住的这附近怎么叫"剑桥"?剑桥不是在英国吗?难道波士顿也有个剑桥?

经过一番搜索,我才明白:原来,17世纪30年代,第一批英国清教徒来到这片区域定居时,最初将这里称为"新镇"(Newtowne)。到了1636年,他们在这里建立了北美第一所高等学府,也就是哈佛大学的前身——新市民学院。这些来自英国的新移民因怀念家乡,于1638年将此地改名为"剑桥",希望这里能成为与英国剑桥齐名的大学城。

300多年后,他们做到了。

我迫不及待地想知道,在如此浓厚的学术氛围中,波士顿的创业者们是什么模样?

走进哈佛大学校园,我发现,和热火朝天、欣欣向荣的硅谷不同,这里特别安静,几乎见不到什么行人。作为一所历史悠久的学校,这里的设施显得有些老旧。可一旦坐下来和当地人深入交流,就会发现,改变正在发生。

第一天下午，我们在哈佛大学邀请了几位生物医药行业的创业者进行分享，听听他们在做哪些激动人心的事情。

听着听着，我竟有些热泪盈眶。这与我在硅谷的感受完全不同：听硅谷的创业者分享时，我感到热血澎湃；而听波士顿的创业者分享时，则觉得温暖人心。

硅谷的创业者个个都想改变世界，而波士顿的创业者，个个都想拯救世界。

这么说可能有些抽象，让我举例说明他们究竟在做些什么。

用鸡蛋生产药物蛋白

第一位分享的创业者从事蛋白质合成研究，他的团队开发了一个"母鸡平台"，将普通母鸡改造成生产蛋白质的"医药工厂"。

"母鸡平台"？听起来颇具科幻色彩，这究竟是什么意思？

简单来说，他们开创了一种全新的蛋白质合成方法：通过基因编辑技术，将目标蛋白质的基因序列植入母鸡体内，培育出一批"基因编辑母鸡"。这些母鸡产下的鸡蛋，蛋清中会富含特定的蛋白质，研究人员对蛋清进行分离、提纯后，就能获得最终产品。

这位创业者介绍，这种生产方式具有规模化、低成本等优势，应用前景广阔。目前，这种技术已经在美容行业常用的胶原蛋白的生产中实现了规模化应用，未来，可能被应用于更广泛的领域，造福人类。

这个项目很有意思，而下一位创业者的故事令我敬佩。

挽救生命的户外手术设备

户外手术器材公司 SurgiBox 的创业者开门见山地指出，当前医学界一直存在一个棘手的难题：户外手术的卫生保障问题。

众所周知，手术对环境的要求极为严苛。手术室必须严格无菌，医护人员都要经过严格消毒。一旦环境不达标，就可能导致患者感染。全球每年因手术感染而死亡的患者不计其数。

在医院里做手术尚且要求严格，那么在条件有限的户外环境里该怎么办呢？比如，有人在野外受伤，医护人员赶到现场后发现转运至医院需要 3 小时，而患者病情危急必须立即手术；发生地震、海啸等自然灾害时，大量伤员需要救治，但当地医疗设施同样受损，无法提供合格的手术环境；在炮火连天的战场上，军医只能在临时搭建的简易医疗点实施手术。

怎么办？统计报表上的每一例手术感染，背后都是一个鲜活的生命。

这位创业者找到了自己的解决方案，他们团队发明了一种便携式手术设备，重量只有 6 千克，充气只需 120 秒，单次可以使用 4 小时以上。

这种设备的工作原理是：将一个便携式透明罩体覆盖在患者手术部位，罩体上设有特殊的手术手套接口，医生可将双手伸入这些接口中，在无菌手套的保护下为患者实施手术。同时，设备还配备了一台带有细菌过滤膜的空气净化装置，能够确保进入罩体的空气达到无菌标准。在精确的气压调节系统的运作下，罩体内始终保持正压状态，内部空气可以持续向外渗出，而外部空气必须经过严格过滤后才能进入，从而有效防止污染。

使用这套设备进行户外手术的单次成本约为 500 美元，对挽救生命而言，这笔钱花得值。

破解胃食管反流难题

除了手术设备这种肉眼可见的创新，还有很多创新发生在我们注意不到的地方。

你或许知道，人类的气管和食管是由一块叫"会厌"的软骨分隔开的。当食物误入气管时，我们就会"呛到"，严重时可能危及生命。然而，你或许不知道的是，这种情况对一类特殊患者群体尤为危险——需要插管治疗的呼吸系统疾病患者。

在对这些患者进行治疗时，医生通常会使用一些肌肉松弛类药物，以便顺利插管。但这些药物同时会使食管下括约肌（lower esophageal sphincter, LES）变得松弛，这是位于胃部入口的关键肌肉组织，主要功能是防止胃里的食物倒流入食管。一旦这块肌肉的功能减弱，患者胃里的食物就可能发生反流。如果反流物进入气管乃至肺部，就会引发肺炎，这对本就脆弱的呼吸系统疾病患者而言无疑是雪上加霜。

这位创业者说，光是在美国，之前每年就有大约1600万例呼吸道插管手术，其中大约有250万名患者需要呼吸机的长期支持。而这250万名患者中，约有80万人因胃内容物反流导致肺损伤，约20万人因此死亡。

这些数字真是触目惊心。

那么，他们是如何解决这一难题的呢？

简单来说，他们设计了一种特殊的医疗器械，用一根长长的管子，一直伸到胃里。这根管子可以通过神经调节机制来刺激食管下括约肌，改善它的功能，防止胃内容物反流。

看起来简单，但背后，真不知道他们解决了多少技术难题。

用新型药物递送系统解决药物起效问题

还有一位创业者,致力于开发一种新型药物递送系统。

无论是通过注射、口服还是喷雾给药,药物进入人体后都会面临一个关键问题:如何精准抵达需要治疗的部位。

药物递送的精准性始终是医学界的一大难题。目前许多传统药物采用"堆量"的方式,即通过大剂量给药来维持患者体内较高的药物浓度。打个不恰当的比方,这就像是一个小区有1000户居民,快递员需要给其中特定的一户送快递,却不知道这家人具体的门牌号。无奈之下,他只能准备1000份相同的快递,给每户都投递一份,以确保目标收件人一定能收到。

可想而知,这会带来很多问题,比如药物浪费、副作用,等等。

这位创业者研发出了一种新型药物递送系统,将药物封装在一个个微型囊泡里,使其能够精准抵达目标靶点,并减少对正常组织的损伤。实验数据显示,这种新型药物递送系统能显著提高药物的递送效率。

需要特别说明的是,作为非医药专业人士,上述描述和比喻可能存在不够严谨之处,权当听个乐子,开阔视野。但我相信，通过这些故事，不难发现，波士顿的创业者和硅谷的创业者是两种完全不同的风格。

硅谷的创业者个个都想着改变世界、解放人类，想构建连接全球的大平台。他们通常是二十岁出头的"天才少年"，甚至等不及大学毕业就投身创业。他们最爱说的话是："我们希望消除人与人之间的隔阂，让全人类真正连接在一起。"

但波士顿的创业者想的是怎么帮助一个个具体的生命，比如，怎么降低患者的感染风险，怎么提高药效，怎么降低用药成本。他们大多数是学者出身，不仅聪明绝顶、能力出众，更因丰富的人生阅历而具备深厚的悲悯情怀。他们最爱说的话是："这种技术可以降低多少感染概率，这意味着每年可以帮助多少名患者避免并发症。"

波士顿是科学家创业的乐土，这里崇尚用底层科技创新改善生活。

当然，波士顿和硅谷的创业者没有高下之分。人类的进步，需要这两拨人的共同努力。

这种百花齐放的氛围，真好。

只要大学和博物馆还在，就永远有希望

波士顿城区的面积不算大，从麻省理工学院出发，向南

走过哈佛大桥，穿过好几所大学校园，大约半个小时就到了。如果天气好，这段步行路线确实值得推荐。但当天实在太冷，我们只能坐车前往。

波士顿美术博物馆的名气可能不如纽约大都会艺术博物馆，但其艺术藏品的质量却一点儿都不逊色。在这里，你能看到很多在小时候的美术课本上出现的珍品。

比如高更的名作《我们从何处来？我们是谁？我们向何处去？》。这幅充满思考和哲理的画作诞生于高更晚年时期。当时他陆续变卖了一些作品，远赴南太平洋的土著部落，寻找人生的意义。最终，他来到南太平洋的塔希提岛（即著名的潜水胜地"大溪地"），那里四季如春，当地居民过着简单而快乐的生活。高更在此感悟到人类生活应当返璞归真，于是，他以当地土著的生活为蓝本，创作了这幅作品。

我时常思考，如果一定要选择两个地方保存文明的火种，那一定是大学和博物馆。

有一个很有名的故事：第二次世界大战期间，英德两国的空军互相展开狂轰滥炸，但双方却达成了一个微妙的默契：德国空军不轰炸英国的牛津大学和剑桥大学，而英国空军也不轰炸德国的哥廷根大学和海德堡大学。

如果怀着善意去猜测为什么，我想，是因为双方都明白：

战争总会结束,而重建家园需要知识。

大学是文明的灯塔,博物馆是人类的记忆。

人类难免有摩擦,有冲突,甚至会爆发世界大战。但只要大学和博物馆还在,就永远有希望。

一切都会逝去,只有文明永恒

结束所有活动后,我们在哈佛大学校园里走了走。

哈佛大学的校园里有一尊著名的雕像——约翰·哈佛的雕像。这尊雕像下方刻着三行字:

约翰·哈佛

建校者

1638 年

但有趣的是,这尊雕像有个广为人知的外号:三谎雕像。原因很简单:这三行文字,每一句都与事实不符。

首先,雕像塑造的并不是约翰·哈佛本人。哈佛去世时年仅 31 岁,在那个没有摄影技术的年代,他的相貌未能留存,没有人知道他长什么样。于是,雕塑家只好请一位学生作为模特完成了这尊雕像。

其次，哈佛不是哈佛大学的建校者，而是哈佛大学创校后的主要捐赠者之一。当时，身患重病的哈佛把260本藏书和一半的家产（700多英镑）捐献给刚刚建立两年的新市民学院。这笔钱在今天看来或许微不足道，但在17世纪是一笔巨款，是学校当时收到的最大一笔捐赠。为感谢和铭记这份贡献，学校决定改名为哈佛学院。

最后，看了前面的介绍你就知道，哈佛大学并非建立于1638年，而是1636年。

但这些"谎言"丝毫没有减损这尊雕像的魅力，反而增添了它作为历史见证者的趣味，仿佛在提醒我们：历史并非黑白分明的，真相往往隐藏在层层迷雾之中。

你看，哈佛没有留下自己的影像信息，我们甚至对他知之甚少。但他留下了哈佛大学。

在时间的长河中，一切都会逝去，只有文明永恒。

对了，哈佛雕像的左鞋被人们摩挲得锃亮。据说，所有学子来到这里，都会抚摸这只鞋子，祈求这位"建校者"保佑自己学业顺利。

我也随俗摸了摸，在商业这座学校里，我永远是学生。

教育是激发创造力的关键

优秀的文化培养顶级的大学,顶级的大学培养顶尖的人才,顶尖的人才造就前沿的科技,前沿的科技推动商业的发展。这是我在波士顿的最大感悟。在麻省理工学院,我再次深切体会到了这种良性循环的力量。

提到这所曾一度位居 QS 世界大学排名第一的知名大学,不少人第一时间可能会想到"炫酷""天才与疯子""恶作剧"这些关键词。

怎么回事?原来,麻省理工学院的校训是拉丁文"Mens et Manus"(Mind and Hand,手脑并用),这里的学生都以成为聪明且动手能力极强的工程师为目标。实现一个充满奇思妙想但又难度极高的恶作剧,无疑是证明自己的方法之一,这里甚至形成了一种独特的恶作剧文化(hack culture)。

举个例子,麻省理工学院有一座标志性的圆顶主楼,高达三十多米。有一年万圣节,一群学生趁着天黑,把一辆警车搬上了楼顶。第二天,所有看到这一幕的人都大吃一惊。要知道,校方最后动用了吊车才将这个"大家伙"卸下来。那群学生究竟是怎么把警车弄上楼顶的?没人知道。

更离奇的恶作剧,还有花了七天把远在四千多公里之外的加州理工学院的镇校之宝——一尊大炮偷走,运回麻省理工学院。

有意思。

那么，麻省理工学院的学生到底是怎样的一群人？这所学校到底有什么特别的文化？

带着这样的好奇，我们一起看看。

还好，当年没被哈佛大学兼并

站在麻省理工学院的校园里，一种感觉油然而生：还好，它当年没有被哈佛大学兼并。

为什么这么说？

虽然被哈佛兼并听起来不错，但是，麻省理工学院的教职工和校友们都强烈反对。

早在 20 世纪初，战后经济萧条，麻省理工学院无力承担校园扩建费用，而学生人数却逐年攀升，学校一度陷入财务困境，面临被哈佛大学兼并的危机。哈佛大学开出的条件堪称优厚：麻省理工学院将获得更充裕的资金支持，并能共享哈佛大学的教育资源。

这看似是双赢的选择。然而，麻省理工学院的教职工和校友们却一致强烈反对，因为他们不太认同哈佛大学的理念。

什么？连哈佛大学这样的顶级学府的理念都不认同吗？

还真不认同。

你看，哈佛大学的校训是"Veritas"（真理），强调追求真理。而麻省理工学院的校训是"Mens et Manus"（手脑并用），强调理论与实践的结合。这种教育理念上的根本差异，或许正是麻省理工学院必须保持独立办学的关键原因。最终，兼并提议被否决了。

事实证明，这个决定是明智的。今天的麻省理工学院已经发展为全球顶尖的理工院校，以工程学和计算机科学享誉世界，培养出了无数推动人类科技进步的科学家和工程师。

这里还诞生了无数创业公司。根据校方发布的报告，麻省理工学院校友创办的企业年收入总和接近2万亿美元——这一数字几乎等于世界第十大经济体的国内生产总值。

有趣的是，虽然没有兼并，但两所学校间的学术交流从未中断。麻省理工学院的学生每学期都可以选修哈佛大学的课程，并获得本校认可的学分，只是原则上不得超过总学分的一半。

有时候，拒绝一个看似诱人的机会，坚持自己与众不同的一面，反而能走出一条更精彩的路。

麻省理工学院不光是这么要求自己的，也是这么期待学生的。

最重要的是找到自己的热爱

在麻省理工学院媒体实验室（MIT Media Lab），我遇到了刘同学。

这位22岁的年轻研究生，你能从他身上感受到一些特别的气质——不光是从容，还有一种对自己正在做的事情的自信和热爱。

"我在麻省理工学院学习的一个重要收获，就是找到了自己想要什么。"刘同学说。

这句话让我深有感触。

一直以来，总是有人告诉我们"该做什么"，却很少有人问我们"想做什么"。考名校、找好工作、升职加薪，似乎就是我们人生的全部追求。但是，人生或许还有别的活法。如果有一天，你能够以热爱为动力，生活一定会变个样子。

这让我想起一位朋友，他是阿里巴巴前员工，现在正在麻省理工学院深造。得知我来波士顿，他特意邀请我一起吃早饭。他说，来这里读书后，整个人都变得充满活力，就像"打了鸡血"一样。

等等，在大厂拼搏的状态不是应该更像"打了鸡血"吗？不是的，真正的"打鸡血"，是当你真的在做自己喜欢的事情时，会不由自主地从床上一跃而起的那种状态。

当然，在生存压力面前，追求热爱往往是一种奢侈。但我依然祝愿你有一天能做自己热爱的事情。毕竟，这世上有很多事情是不能用金钱来衡量的，比如，科技的发展。

如果仅仅以金钱为目标，一项新技术大概很难被开发出来，因为一项科学技术从研发到产品化、商业化并最终获得回报，往往需要经历漫长的周期。

锂电池从发明到普及应用耗费了十几年，触摸屏技术走过了几十年的发展历程，而无线充电技术从概念提出到实际应用更是跨越了整整一个世纪。试想，如果当年发明触摸屏的科学家们只考虑"这项技术能赚钱吗"，或许 iPhone 就不会出现；如果研发电子墨水屏的研究员始终纠结于"这东西有市场吗"，Kindle 可能也不会问世。

什么才是推动技术创新的关键？答案很简单：热爱。热爱是最强大的驱动力。

当你真正找到自己热爱的事业时，你不会把它当作一份简单的工作，而会把它作为一生的使命。

所以，在 MIT Media Lab，你常常会听到一个特别的问题："你到底想做什么？"

这个创立于 20 世纪 80 年代的跨学科研究平台，其初衷是想要打破传统学科之间的壁垒。虽然中文名译作"麻省理工学院媒体实验室"，但其英文名称中的"Media"指的不是传统意义上的媒体，而是源自单词"medium"，蕴含着"跨界"的深意。

媒体实验室创立之初，很多人不理解：麻省理工学院这样一所严谨的理工院校，怎么会涉足数字艺术、互动设计等看上去"不务正业"的领域？

但让大家没想到的是，正是这个"不务正业"的实验室，孕育出了一系列改变世界的成果。

比如广受欢迎的 Scratch 图形化编程语言，让孩子们无须记忆复杂代码，通过简单的拖拽操作就能学习编程。又比如家喻户晓的电子墨水屏技术、乐高机器人教育套件等，都源自这个实验室的创意。

参观媒体实验室当天，我们还见证了更多前沿研究：用于可穿戴设备的柔性纤维技术、音乐与神经科学的交叉研究、植入式脑机接口的突破性进展……

或许，这就是科学的魅力：不仅仅追求商业价值，更致力于拓展人类认知的边界。

众多知名企业每年为媒体实验室提供超过 10 亿美元的研究经费，支持科研人员自由探索创新。这些企业以资金支持换取交流学习的机会，期待研究成果能在未来应用于自身业务。

因此，当我们说"不能用金钱衡量"时，并不是说金钱不重要，而是强调：一个真正文明的社会，应该为那些不能立即产生经济效益，却对人类长远发展至关重要的探索提供沃土。

参与创造，才能真正进步

麻省理工学院能够源源不断产出创新成果的原因，除了鼓励学生做自己真正热爱的事情外，还有一个重要因素：敢于表达不成熟的想法。

麻省理工学院的一位同学提到一个很有趣的现象：在课堂上，中国学生大多喜欢坐在后排，参与讨论的积极性不高。有些课程明确要求必须发言才能获得参与分，但部分中国学生宁愿放弃这部分分数。相比之下，其他国家的学生则更愿意坐在前排，踊跃举手发言。

是他们的水平更高，能立即提出很厉害的观点吗？不是。

如果会产生这种疑问，就说明你和那些中国学生一样，陷入了一个思维误区——总认为必须想好了才能发言。

但很多来自其他国家的学生不这么认为。即使还没想好，他们也敢于分享。因为虽然自己说得不一定对，但自己的想法可能会激发其他同学产生更出色的创意。

或许，真正的创造力不在于每个人都追求完美，而在于每个人都敢于表达自己不成熟的想法。在麻省理工学院，学生们更关注的是"我的想法能否推动团队进步"，而不是"我说得对不对"。这种集体智慧的碰撞，是创新的源泉。

只有参与创造，才能真正进步。

麻省理工学院的吉祥物是河狸

刘同学告诉我们，麻省理工学院有一门课大受欢迎，叫作"How to make almost everything"（如何制造几乎一切东西）。

制造一切？好大的口气。我心想，倒要看看他们是怎么做到的。

不深入了解不知道，一了解着实让人惊叹。要选修这门课，学生需要掌握激光切割、CAD（计算机辅助设计）、电子电路设计与制作、3D扫描与打印等一系列技能。学完这些，似乎真的能"制造一切"。

刘同学介绍，这门课的独特之处在于授课老师、美国国家工程院院士尼尔·格申菲尔德（Neil Gershenfeld）的教学理念。一般情况下，学生往往是自行设计，然后交给工厂打样，但他坚持让学生全程参与制造过程，为此，实验室甚至与机床制造商合作，共同研发新型运动控制系统。

这门课充分体现了麻省理工学院的创造精神。而同样体现这种创造精神的，还有它的吉祥物——河狸。

河狸是自然界的顶级建筑师，勤恳、努力，不知疲倦。它们能够用咬断的树木、树枝和泥土建造起复杂庞大的水坝，为自己打造安全的栖息地。麻省理工学院选择河狸作为吉祥物，正是希望从这里走出的学生能像河狸一样，勤恳、努力，并有着强大的创造能力。

所以，麻省理工学院的学习方式往往不以考试为中心，而是围绕项目展开。以电机的学习控制为例，学生们会自主查阅文献、请教研究员，独立完成设计方案。这种实践导向的学习最可贵之处在于：当你亲手创造时，内心会燃起强烈的实现欲望，目标感十足。

正因如此，漫步在麻省理工学院，透过透明的玻璃窗，你总能看到学生们专注地在各种设备前动手实践。

这种状态让我很羡慕。作为一名数学专业出身的人，即使后来从事过一段时间的计算机相关工作，我所面对的领域也始终有一个鲜明的特点：不会创造出实体。所有的推演和实验都发生在大脑中、纸面上或计算机里，很少有机会体验在物理世界创造实物的成就感。

对创造的推崇还带给麻省理工学院的学生们一种理工科的浪漫。在这里，你可能会收到一份特别的礼物——自己大脑的 3D 打印模型。通过扫描和 1∶1 精确打印，一个具象化的大脑复制品就呈现在眼前。

"打印出来又有什么用呢？"有人或许会问。一位同学说："亲眼看到自己的左脑比右脑略大，那种感觉奇妙极了。"

把大脑打印出来送给你，这就是理工科的浪漫。

虽然在很多人眼中，这样的礼物或许显得过于"直男"，甚至有些惊悚，但麻省理工学院的师生们却乐在其中。有一次，校方将三十多万名学生的名字用纳米技术刻在一片晶圆上——没错，就是制造芯片所用的那种晶圆。

从他们身上，我看到了优秀的人应该有的模样

从三位接待我们的麻省理工学院中国留学生身上，我看到了优秀的人应该有的模样。

要知道，能够进入麻省理工学院或哈佛大学读书的中国学生，都是顶尖的人才。每年申请这两所名校的学子数以万

计,但最终被录取的中国学生可谓凤毛麟角。

那么,我从他们身上看到了什么呢?

首先是使命必达的责任感。这点在那位全程为我们讲解的女同学身上体现得淋漓极致。尽管向导多次提醒时间紧张,她仍坚持把每个重要细节都讲解到位,正门入口的题词出自哪位校领导之手,墙上的海报背后有什么故事……在她看来,既然承担了讲解工作,就要确保每个值得介绍的地方都不被遗漏。

虽然这只是她的兼职甚至是义务帮忙,但你从她身上看不到丝毫敷衍。

更令人印象深刻的是,这些学生都知道自己想要什么。刘同学分享说,求学期间不断有人问他:"你真正想要什么?你到底喜欢做什么?"幸运的是,他找到了答案,那就是亲手创造,与各种设备和机器打交道。所以,他选择本科毕业后继续攻读合金与陶瓷材料领域的硕士学位,每天宿舍实验室两点一线,争分夺秒地投入研究。

他还和我们分享了另一位麻省理工学院学生的故事。这位学生创办的 3D 打印公司估值已经高达 50 亿美元,其设备被 NASA、SpaceX 等航天领域的著名机构和公司用于打印火箭发动机。刘同学原以为他只是个四处融资的创业者,没想到他对技术的痴迷程度令人惊叹，每次来实验室都要与研究员们聊个不停。

我们还结识了另一位女同学，从她身上，我看到了目标感和强大的洞察力。她在上高中时就获得了 USACO（美国信息学奥林匹克竞赛）全球前五的成绩，并以年级第一的成绩考入麻省理工学院，可谓智商超群。但谈到自己被录取的原因时，她却谦虚地归因于"擅长考试"。实际上，她展现出了很强的底层逻辑分析能力，比如，她发现 SAT 考试题库更新频率很低，因为 SAT 考试由 ETS（美国教育考试服务中心）负责，ETS 虽然是非营利机构，但也需要考虑成本收益，所以不会经常更新题库。于是，她只用一周时间刷完题库就去应考了。

更令人惊讶的是，这位刚满 20 岁就进入 CSAIL（计算机科学与人工智能实验室）的女生已经开始创业了。她说，他们团队开发出了一个比 ChatGPT 更精简的大语言模型，只用几千万参数就能达到企业级应用需求，远少于 GPT-3.5 的 1750 亿参数。目前，她的创业项目已经有了一些签约客户。

看着这群充满朝气的年轻人，我忍不住说："在人工智能爆发的前夜，你们遇到了好时代。"

我知道，"每个时代都是最好的时代"这句话常被用来宽慰当下的年轻人。这些年来,我遇到过不少年轻人抱怨机会都被上一代人占据,而长辈们总是用这句话来安慰他们。

但在麻省理工学院,当我看到这些优秀的中国年轻人充满朝气、全神贯注地做自己热爱的事情时,一种羡慕之情油然而生,所以我才会脱口而出那句"你们遇到了好时代"。

没想到的是,他们居然反过来安慰我:"其实每个时代都是最好的时代。"这可能是因为他们确实认同今天这个时代是年轻人的好时代,也可能是因为对那些真正立志改变世界的人来说,无论什么时代,都是好时代。

是的,他们都想改变世界。这种精神不仅体现在我们前面提到的 Scratch 图形化编程语言上。从对曼哈顿计划的早期技术贡献,到微波雷达、电子邮件、电子表格、以太网、光学鼠标、万维网,再到可消化的胶囊机器人……麻省理工学院孕育了太多改变世界的发明。

在这里,许多人终其一生专注于看似微小的课题研究,比如某种特定疾病如阿尔茨海默病的攻克。这些研究可能需要耗费几十年才能取得成果,但他们依然坚持不懈。

或许,在麻省理工学院,创新的意义不在于创造财富,而在于实现改变世界的理想。这也正是为什么麻省理工学院以"Mens et Manus"(手脑并用)为校训,以及选择河狸作为吉祥物——因为这里的每个人都在用双手将想象变为现实，将创意转化为改变世界的力量。

要改变一个国家的未来，最重要的是教育

最后，和你分享一个我在麻省理工学院听到的小故事。

尼尔·格申菲尔德院士曾在美国国会听证会上提到，他的小型实验室遍布全球，这对美国未来的国家安全至关重要。当时，有议员质疑：为什么要在教育上投入这么多？这与国家安全有什么关系？

另一位议员拍案而起："你难道不明白吗？一个国家真正的核心竞争力在于新一代的教育！"

是啊，要改变一个国家的未来，最重要的不是GDP，也不是军事实力，而是教育。

在麻省理工学院，我看到了一种教育生态。这里的学生不为分数所困，而是以完成实际项目为乐；这里的课堂不是我说你听，而是互动探讨；实验室里，学生们可以自由切换研究方向——今天钻研材料科学，明天探索机器人技术，后天又投入芯片研发。

这种教育模式培养出了什么样的学生？

有的学生刚入学就着手革新大模型技术并成功创业；有

的学生言出必行，使命必达；还有的学生找到了一生热爱，天天像"打了鸡血"一样，眼里有光。

最触动人心的是这里永葆好奇、热爱学习的精神。正如麻省理工学院媒体实验室一个项目团队的名字"Lifelong Kindergarten"（终身幼儿园）所寓意的那样：学习不应是痛苦的负担，而应是充满乐趣的探索；创新不是为了完成任务，而是为了实现梦想；研究不是为了职称晋升，而是为了改变世界。

一个国家最宝贵的资源，不是矿产，也不是数据，而是年轻人的创造力。而教育就是激发这种创造力的关键。

创新是用现在的碎片拼出明天的图景

探访哈佛大学和麻省理工学院这两所世界顶尖学府，我收获满满。但是，要真正了解一个国家的教育体系，不能只着眼于顶尖院校。

以美国为例，哈佛大学与麻省理工学院两校每年本科招生总数不过3000人左右。真正决定万千普通学子教育质量的，是整个教育体系的"中位数"。

我特别好奇：

其他大学如何与哈佛大学、麻省理工学院这样的顶尖学府竞争？

美国高等教育的创新能力究竟从何而来？

让我们带着这些思考，继续这场探索之旅。

教育的本质是让每个人都能找到适合自己的赛道

为了寻找这些问题的答案，我探访了与哈佛大学、麻省理工学院隔河相望的东北大学（Northeastern University）。

东北大学不是世界顶尖名校，在中国知名度有限，也没有诞生知名校友。在 2025 年 QS 世界大学排名中，这所大学位列第 396 位，与常年稳居前五的哈佛大学、麻省理工学院相比，确实有着不小的差距。可以说，东北大学代表着美国高等教育的"中坚力量"。

那么，这所大学是什么样的呢？

东北大学的一位教授热情地接待了我们，他在美国生活多年，和我们分享了他的一些观察。他提到的一个细节，让我一下子竖起了耳朵。

他说，据他所知，东北大学只有约 10% 的本科生能在 4 年内准时毕业。

"也就是说90%的学生都无法按时毕业？"我惊讶地问道，"这样不会影响招生吗？"

教授笑着解释，这与国内传统认知中的"无法毕业"截然不同。学生们不是因为成绩不好无法毕业，而是主动申请半年到一年甚至更长时间的实习，因此普遍会比常规学制晚半年到一年完成学业。而学校也乐意见到甚至鼓励学生这种"gap"的行为。

我继续问，为什么一定要实习呢？

教授说，如今找工作，仅凭GPA4.0的满分成绩已经不够了。东北大学的学生们常开玩笑说，河对岸的哈佛大学和麻省理工学院的满分学生实在是太多了，"遍地都是4.0"。既然没法在成绩上与这些顶尖的学生竞争，就只能在其他方面下功夫，比如通过丰富的实习经历来突出自己的实践能力和动手能力。从这个角度看，东北大学的低毕业率实际上体现了一种差异化竞争策略。

学生如此，那老师是不是也面临着类似的处境呢？

确实如此。在美国高等教育界，很多大学都以"诺贝尔奖得主数量"作为彰显学术实力的重要指标。但东北大学至今还没有校友获得过诺贝尔奖，1993年的生理学或医学奖得主理查德·罗伯茨（Richard Roberts）也是在获奖后才加入这所学校的。而哈佛大学是全球诺贝尔奖得主最多的大学，麻省理工学院则位居前五。

可见，在学术能力上，东北大学是不可能与哈佛大学、麻省理工学院的超级大脑竞争的，那就是一条死路。

那怎么办呢？

这位教授告诉我，美国大学普遍鼓励老师创业，东北大学在这方面尤为积极。据他观察，在某些学科中，超过三分之一的老师都创办了自己的公司，不少人甚至同时经营多家企业。

那么，学校会要求什么呢？当老师创办的公司步入正轨后，学校通常要求持有 5% 至 20% 的股份。这位教授强调，这样的股权分配合情合理，因为学校在创业过程中会提供全方位的支持，包括启动资金、实验设备使用权、校内办公场地，以及专利申请费用和法律咨询服务等。

正是这样的机制，让东北大学培养出了许多成功企业家。比如美国知名信息存储科技公司 EMC（易安信）的创始人理查德·伊根（Richard Egan），以及推特联合创始人比兹·斯通（Biz Stone）。而这些校友创办的公司又会优先从母校招聘，为学生提供更多实习机会，形成了良性循环。

我在网上看到，在《普林斯顿评论》发布的"最佳实习"

和"最佳就业服务"大学排名中,东北大学连续多年保持全美第一。在 2024 年 U.S.News 发布的校企合作 / 实习(Co-ops/Internships)排名中,东北大学同样高居榜首。东北大学自豪地宣称:"东北大学的学生能够在获得学位之前获得丰富的工作经验,超过 90% 的本科生在大学生涯中至少完成了一次校企合作实习,有机会与全球超过 3000 家雇主合作。"

这让我想起一个深刻的洞察:中国大学普遍追求综合性发展,美国高校倾向于挖掘各自的特色。

教育的本质,是让每个人都能找到适合自己的赛道。

创业者们"满怀信心地走向失败"

离开东北大学后,我又参访了好几家创业公司,其中,包括我在前面提到的那家户外手术器材公司 SurgiBox。我还亲身体验了它们的产品。此外,我还参观了几家机器人创业公司——如今的机器人造型越来越奇特,有些甚至让我有点看不太懂。

这些创业公司大多依托波士顿大学城丰富的学术资源蓬勃发展。你可能很好奇:如果老师创业风生水起,能否选择全职创业?

美国有一套运行成熟的制度为这些希望脱产创业的人提

供保障,那就是风险投资制度。

我们都知道,创业是"99死1生",失败是常态,成功需要不懈的努力与极致的运气。

那怎么办?没关系,那些被称为"投资人"的角色会登场。他们手握巨额资金,四处寻觅有潜力的学者和年轻人,告诉他们:尽管尝试,亏了算我的,赢了,你分我一杯羹就好。

投资人给资金,创业者给梦想,市场给答案。

我一直觉得,风险投资制度是人类商业史上最伟大的发明之一。它系统性地"买"走了创业者倾家荡产的风险,让创业者可以心无旁骛地创新。

美国的风险投资很少会有对赌条款。只要属于正常经营失败,投资人多会坦然接受损失。当然,如果创业者存在品德问题,比如挪用资金挥霍享乐,就另当别论了。更难得的是,只要认定创业者靠谱,即使本次创业失败,风投机构往往愿意继续投资他的下一次创业,让他从头再来。这些投资人认为,创业不是百米冲刺,而是一场马拉松。

以 Uber 创始人特拉维斯·卡拉尼克(Travis Kalanick)为例,这位硅谷创业者有着天才创业者的"标准开局"——辍学创业。但与励志故事不同的是,他的前两次创业都头破血流,直到第三次才成就了Uber。

我看着这些朝气蓬勃的创业者,他们身上都散发出一种毫无顾虑,甚至是"没心没肺"的自信感。

我突然有了一种"莫名其妙"的感觉:他们就像是在"满怀信心地走向失败"。

为什么会这样?因为他们很清楚,大部分创业是无法获得成功的。但这有什么关系?即使失败,也没有后顾之忧。反正人生还长,从头再来就是了。

创新从来不是一个褒义词

在很多人眼中,创新是一个褒义词,仿佛只要创新就一定会有好的结果。但我认为,创新从来不是一个褒义词,而是一个中性词。它更像是生物进化中的"突变",你永远无法预知结果的好坏,可能是向好的方向突变,带来进化优势;也可能是向坏的方向突变,导致功能缺陷。

创新也一样,它的结果充满不确定性。

然而,我们的社会常常对创新抱有一种过高的期待,希望它必须带来积极的结果。这种期待反而成了创新的桎梏。

如果我们只接受"好的创新",拒绝"坏的创新",那么面对不确定性，谁还敢去尝试和探索？这种思维方式在扼杀了所谓"坏的创新"的同时，也间接扼杀了潜在的"好的创新"。

创新需要一个包容的环境，需要风险投资的智慧：用统计学思维看待创新，在更广的范围内分散风险，允许各种可能性的存在。创新的伟大之处，不是每次尝试都成功，而是为进步开辟无限可能。

多元化、包容、容忍失败、接纳不确定性……这些因素共同营造出充满活力、蓬勃向上的创新生态，而后者正是创新的原动力。

创新的公式

想到这里，一个公式从我的脑海里冒出来：

成熟的基础技术 + 突破性新兴技术 + 特定领域的核心技术 = 绝佳的创业机遇

这源于我参观一家叫作 MassRobotics 的机器人创业公司孵化器时的感悟。

MassRobotics 的一位创业者的分享，给我留下了极为深刻的印象。

他的创业项目是专为太阳能电池板搬运设计的机器人手

臂。工业机械臂作为一项成熟的基础技术，早已在各类工厂广泛应用，其基础性能近乎完美，即使是一百名熟练工人，效率可能也赶不上一个机械臂。但是，这项技术有局限性，比如，它只能按预设程序运作，没法"随机应变"。

人工智能时代到来后，计算机视觉技术快速兴起，这项突破性新兴技术为机械臂装上了"眼睛"，使其能够自主感知和识别周围的环境。这时，如果你再掌握特定领域的核心技术，就能抓住时代大势，乘势而起。而这位创业者的"特定领域的核心技术"就是太阳能面板的精准抓取技术。

我们这些外行人很难想象，在建设大型太阳能发电站时，如何安全搬运和安装太阳能电池板竟是天大的难题。太阳能电池板质地脆弱，价格昂贵，容不得半点闪失。这位创业者凭借扎实的学术能力，深入研究电池板接触面的材料特性，开发出了一套可靠的抓取方案，确保电池板在搬运过程中完好无损。

就这样，成熟的工业机械臂技术，加上突破性的计算机视觉技术，再加上独有的太阳能电池板抓取技术，使他研发出的太阳能电池板搬运机器人在市场上广受欢迎。

这种机器人目前只租不卖，每月租金 16 000 美元。看起来很贵，但对那些亟待解决问题的客户来说物超所值。

他说，目前他们创业仅仅一年半，公司只有 10 个人，但已经实现了收支平衡。

基础技术提供了可靠的底层架构，降低了研发风险；新兴技术带来突破性的功能拓展，开启新的应用场景；而核心技术确保了产品在特定领域的竞争优势。这三者的结合，让创新既有坚实基础，又富有想象空间，还能保持独特性。

创新不必从零开始，也不是发明未来，而是用现在的碎片拼出明天的图景。这种思维方式，或许正是发现下一个创业良机的关键。

疯狂的梦想是创新的种子

我还遇到了一位年轻的创业者，他长着东亚面孔，但不会说中文，我猜他大概率是出生在美国的华裔。而他所做的事情，让人不由地折服于他天马行空般的想象力。

他说，他有一个天大的梦想——"Go to the Mars without luggage"。翻译成中文就是"不用带行李，直接去火星"。

我们去海边度假都要带上大包小包，去火星，竟然能空手去？

他说，如果我们想在火星建立宜居基地，而所有物资都从地球运送过去的话，耗费的成本将不只是"天价"，而是

"星际天价",这将使移民计划变得完全不切实际。

那怎么办?思路很简单:为什么要大包小包搬去?直接在火星上制造不就好了?

听起来真是天方夜谭,但他却有自己的一套想法:火星上太阳能资源丰富,只要拥有磁铁和铜这两种基础材料,就能制造出最基础的电动机。有了电动机,有了动力,还有什么造不出来的呢?

为了证明这种思路的可行性,他打算制造一个极为简易的、由磁铁构成的小机器人。这个小机器人只靠磁铁和线圈就能活动,甚至可以行走。这虽然只是万里长征的第一步,但至少展现了可行性。

我很震撼,已经很多年没有看到如此充满活力、冲劲的疯狂想法了。

尽管我们都清楚,他还在起步阶段,这条路很难,会遇到很多挑战,甚至我们可以断言,失败的可能性极大,但那又有什么关系?

面对年轻人的疯狂想法,不要习惯性地说"这哥们儿是不是疯了?",而应多说说"有点儿意思,要不试试?"。

疯狂的梦想是创新的种子,包容的土壤让它生根发芽。

对抗不是目的，而是前进的动力

离开波士顿之前，我们踏上了著名的"自由之路"。

"自由"这个词，天然自带一种令人向往的力量。匈牙利诗人裴多菲的短诗歌颂它，说为了自由连生命和爱情都可以抛弃；《勇敢的心》演绎它，华莱士临刑前那声震撼人心的"Freedom！"，不知激励过多少人。从700多年前的苏格兰独立战争到200多年前的美国独立战争，对自由的追求以不同形式贯穿历史。

这趟波士顿之旅，我心心念念的就是这条"自由之路"。一大早，地上的雪刚被清开，我们就来到了这里。

从庄严肃穆的教堂到马萨诸塞州议会大厦的金色穹顶，从引发独立战争的"波士顿倾茶事件"遗址到鼓舞士气的邦克山纪念碑，再到首次宣读《独立宣言》的老州议会大厦……这条红砖铺就的步道就像一条串联起波士顿历史的项链。可惜时间仓促，只能走马观花。

沿途所见交织着历史与现在：从古老的建筑中，我看到的是美国人不断争取独立的历史；从充满活力的城市生活中，我看到的是波士顿居民牵着宠物狗在波士顿公园散步、一大家子人在昆西市场享受美食的现在。

走着走着,我心里隐隐升腾起一种感觉,却又说不太清。直到回到大巴车上,向导介绍起我们的下一站,这种模糊的感觉才突然明晰:美国人争取独立的历史,某种程度上不就是一段为了梦想不断对抗的历史吗?那一代美国人的梦想,可能是自由,可能是改变世界,也可能是一饭一蔬。但不论是什么,必定抗争到底。

而给我带来顿悟的下一站,正是大名鼎鼎的西点军校。

"海陆大战"

西点军校,指的是位于纽约州西点镇的美国军事学院(USMA)。当年,美国独立战争打了8年。总统乔治·华盛顿觉得,必须建立一所专门的军校培养真正的军人。

听上去顺理成章是吧?可这事遭到了美国很多人的反对:军队是少数人领导、多数人服从的组织。为了自由和民主而战,却要建立一所破坏自由和民主的学校,这合理吗?

可是,西点军校终究还是建立了。在争议中诞生的它,骨子里就镌刻着"对抗性"的基因。

很多人只是听说过这所军校,对它可能还不太了解。毕业生去向如何?从军?参战?确实如此,但又不尽然。

的确,西点军校培养出了众多杰出的军事将领。二战盟军最高统帅、美国第 34 任总统德怀特·艾森豪威尔毕业于此；一战、二战中多场重要战役的指挥官、美国史上最卓越的军事家之一的道格拉斯·麦克阿瑟曾担任西点军校校长。

但发展到现在，西点军校已经不只是在培养军事人才，还培养出了数以千计的商界领袖——花旗集团全球财富管理业务前副主席皮特·道金斯（Pete Dawkins）、万豪国际集团前 CEO 弗雷德·马利克（Fred Malek）等，都曾在此求学。

我实在是太好奇了：这样一批顶尖人才，到底是怎么培养出来的呢？

去西点军校的路很远，还很颠簸。但抵达之后，我只想说：不虚此行。

这所著名的军事学府坐落在一个极为偏僻的小镇上，校园里到处都是身着制服脚步匆匆的学生。有的学生在跑步训练，有的学生在执行升降旗仪式。即使在零下十几度的低温下，女学生们依然穿着军装短裙，着实令人钦佩。虽然他们只是军校学生，还不是真正的军人，但军人的气质和精神却展露无遗。

一位 70 岁的退休老兵热情地带领我们参观，他抛出一个有趣的问题："你们猜猜看，西点军校的学费是多少？"

这所培养了无数名将的顶尖学府，学费一定很贵吧？我们此行参观的其他名校,学费动辄数几十万甚至上百万元,如果学生拿不到奖学金,就要贷款求学,毕业后很多年才能还清债务。但西点军校却是个例外——不仅学费全免,连住宿费和生活费也由美国陆军全额资助。

你可能会想:啊?免费的?那岂不是很多人去读?

很遗憾,它的录取率只有10%左右,还需要相关人士推荐。"免费"还附带着重要条件:毕业后必须服役至少5年。如果继续攻读硕士、博士学位,虽然仍然可以享受免费教育,但需要以更长的服役期或返校任教作为回报,比如在5年服役的基础之上还需要回学校教书3年。

我看向那些年轻学生,想起向导说他们每天早上五点半起床,一直训练到半夜才回去睡觉,日复一日,风雨不停,不由得心生佩服。

参观途中,我留意到,无论是纪念品、文化衫,还是建筑上,都有一句话:"Go Army, Beat Navy。"翻译成中文是"加油,陆军!打败海军!"

初看令人费解——海军做错了什么,为什么要打败海军?其实,这是西点军校延续百余年的传统口号,源自其与美国海军学院之间的年度橄榄球对抗赛"海陆大战"(Army-Navy Game)。这场"海陆大战"在美国社会中地位非凡,连美国总统和国防部长等政要都会亲临观战。

橄榄球赛是一种充满对抗的比赛，对球员的速度、敏捷性、力量都要求很高，为的就是在激烈的冲撞中依然能执行进攻和防守的战术。电影《阿甘正传》的主角阿甘就是因为个子高大，奔跑迅速，才被选进橄榄球队的。

从 1890 年首次举办开始算起，"海陆大战"已经有超过 130 年的历史。每年，西点军校和美国海军学院的学生都要在赛场上一决高下。虽然从历史战绩来看美国海军学院更胜一筹，但西点军校的学生们总能在某些年份展现出自己的实力。

我觉得这个现象特别有意思。"打败海军"的口号背后，从来不是"我一定要打败对方"的敌对心态，而是将对方视为值得尊敬的劲敌的惺惺相惜。

虽然比赛过程充满了激烈的竞争，但是比赛结束后，海陆双方的学生却是互相尊重、彼此欣赏的，这种竞争反而加深了彼此的友谊。

类似的"对抗文化"，在许多世界顶尖学府之间都有。

波士顿有哈佛大学和麻省理工学院，你可能会想，这两所学校的竞争一定很激烈吧，毕竟同处一地，又同样出名。可实际上，它们各自有着不同的"宿敌"——哈佛大学视耶鲁大学为对手，麻省理工学院则与加州理工学院较劲。

没有比赛，创造比赛。于是，学生们搞黑客马拉松攻防战，比诺贝尔奖得主数量，等等。

这些看似"对抗"的举动，背后其实是对自己不断提出更高要求、不断迎接挑战的战士精神。

类似的竞争关系在剑桥大学与牛津大学、清华大学与北京大学、复旦大学与上海交通大学之间同样存在。它们经常互损，比如上海交通大学被复旦大学调侃为"闵行男子技工学院"，而复旦大学又被上海交通大学戏称为"五角场文秘专科学校"。无论是赛艇对抗还是食堂评比，只要涉及校际竞争，双方必定全力以赴。

我觉得，这是一种极为美好的竞争关系——彼此在各种层面暗自较劲，但又深知对方实力强劲，打心底里尊重对方。

一个人前进，或许会迷失，甚至懈怠。但如果你有真正的对手，就算是接近极限，你依然还想奋力一搏。一旦处于这种状态，人就会努力奋进。所以，拥有值得尊敬的对手，是一种财富。

商业世界里的"一生之敌"

在商业世界，也是一样。

有人曾经问华为人如何看待小米这个竞争对手，得到的回答出人意料："我们从不视小米为对手。"那么谁才是？答案是苹果。华为将苹果视为竞争对手，并非出于敌意，而是怀着敬意与必胜信念的选择。

我认为，真正的商业对手应当兼具三个特质：惺惺相惜，暗自较量，以及发自内心的尊重。

比如，百事可乐和可口可乐。这两家的商业对决已经持续了一个多世纪。据说，百事CEO的办公室里挂着可口可乐销量的实时监控屏，时刻鞭策自己。这已经不仅是关起门来的暗自较劲，更是将竞争公开摆上了台面。尽管竞争非常激烈，但它们都视彼此为重要的推动力。百事可乐前CEO因德拉·努伊（Indra Nooyi）曾坦言，与可口可乐的竞争"让我们变得更好"；而可口可乐前CEO穆泰康（Muhtar Kent）则认为百事可乐"迫使可口可乐保持敏锐"。

百事可乐曾经拍过一则广告，巧妙地表达百事可乐比可口可乐好。广告中，一个小男孩站在自动贩卖机前，因为身高不够而无法按下百事可乐的按钮，于是，他先买了两罐可口可乐，然后踩着可口可乐的罐子，心满意足地拿到了百事可乐。

这正是企业之间调侃的独特方式。观众们都心领神会——这不过是商业竞争中充满幽默感的玩笑罢了。

再比如，宝马和奔驰。

2016 年宝马成立 100 周年时，奔驰投放广告给宝马庆祝生日，说："感谢 100 年来的竞争，没有你的那 30 年其实感觉很无聊"，巧妙暗指自己成立得更久。

等到 2021 年奔驰成立 135 周年时，宝马在社交媒体上发文给奔驰送祝福："知道你已经不习惯别的口味了"，暗戳戳地说奔驰"过时"。而奔驰回应"你的 135 岁，我们也一起过"，在强调品牌历史的同时，还表达了惺惺相惜的情谊。

这种"对抗"，有时看似是喊口号，像玩过家家游戏，但是顶级玩家们即使对待游戏也从不敷衍，总能从中沉淀出"为我所用"的内容。比如这些广告就同时增加了两家的品牌曝光度。

有时候，我们确实应该给自己寻找一个对手，就像西点军校把美国海军学院视为对手一样。在无数次"对抗"里，屡败屡战，直到下一次胜利。

所以，你发现了吗？那些军校毕业生在商界依然能拔得头筹，说明军事和商业中的许多制胜逻辑是相通的。

有时，对抗的前提是服从

但有时，在对抗中获得成功的前提，不是一身反骨，而是"服从"。

在西点军校,服从力与领导力同样重要。"服从"的意思是:你绝对相信我的指令,并执行到底。

在西点军校参观期间,我们被带入放映室,深入了解这所军校的培养体系。其中一些训练内容,或许你曾在纪录片中见过。

西点军校的新生在正式入学前必须完成短期的基础训练计划。其间,学生们被编入不同连队展开竞赛,获得最高分的连队将获得"最佳连队"称号。对抗,从报到的第二天就开始了。

这些所谓的"基础训练",对新生来说已经是困难模式。学生们需要完成一系列个人及团队任务。缺乏服从力的人,往往难以克服外界压力带来的恐惧,最终导致任务失败。

新生基础训练里有一项是进入"毒气室"。学生们要忍受那些微小的"毒气颗粒"附着在眼睛、鼻腔上所带来的刺激,同时,还要大声朗诵《士兵宣言》。大多数人都涕泪横流,但依然坚持完成任务。

在步枪射击训练中,很多学生此前连枪都没摸过,很难达标。但大多数人会一直练,直到达标为止。

还有一项训练是从 20 多米高的悬崖上沿绳索垂降。新生只有在相信前辈和教官的前提下，才能完成这项挑战。

这才只是入学考验，入学后还有漫长的炼狱级训练，不断挑战学生的极限。

你发现了吗？这些训练看上去是在锻炼学生克服恐惧，但真正培养的是服从力。

对方指东你偏往西，这叫"任性"。而有效对抗的前提，恰恰是服从——服从指令，坚定执行，与一切阻碍目标达成的因素对抗到底。

有趣的是，商业世界也存在类似的管理方式，即"自上而下"的管理方式。与之对应的，则是"自下而上"的管理方式，比如，丰田的精益管理。

这几年，丰田的精益管理风靡全球，许多工厂、企业都争相效仿。基层员工不断从工作中发现问题，向上汇报问题，从而调整流程。这种"自下而上"的管理方式能激发很多创新。原本 10 秒才能拧紧的螺丝，现在换一种流程，可能只需要 2 秒了。

可是，这种创新对应着硬币的另一面——"意外"。

军队里可容不得意外。战场上出现任何意外，都可能以生命为代价。当上级下达指令时，如果你因为不理解就不执行，后果将不堪设想。因为你永远不知道，这个看似简单的指令背后，有怎样庞大而精密的战略布局。

这种特性在重大决策中尤为明显。试想：一个只能调动1万元资金的员工，即使100%失误，公司最多损失1万元；但如果一位掌控100亿元预算的领导者失误了呢？哪怕他在关键问题上只有1%的失误，公司也经受不起。

所以，军队和顶尖企业必须采用"自上而下"的管理方式，并且，每一级管理者的战略视野，都必须比下级更为广阔。

创业中的对抗性智慧

从西点军校感受到的对抗性智慧，其实也体现在我们之前参访的各个创业项目中。

你想象中的人形机器人是什么样子的？是不是一比一还原人类的那种？早些年关于人形机器人的讨论，常常聚焦于"恐怖谷效应"——当机器人与人类过于相似时，反而会令人不适。如今多数企业研发的人形机器人，追求的并非完整的人类形态。

做个不那么恰当的比喻：在任何对抗性运动中，无论是橄榄球还是赛艇，运动员动用的人体部位各有侧重。橄榄球运动员动用的是"腿+眼",而赛艇运动员则更多使用"手+眼"。同理,人形机器人只需要具备特定功能模块即可满足需求。

比如,"手"的功能是什么?是搬运。

在现代化工厂的宣传视频中,你常会看到大量巨大的机械臂,这其实就是传统意义上的机器人。人类在机器人的"手"的研发上投入了大量时间,成果斐然。有些机械臂配备五六个"关节",灵活度惊人,不仅能完成复杂动作,甚至还能把自己折叠起来。德国、瑞士、日本等国的机器人公司,其核心竞争力正是"手"的精准度。因为在搬运作业中,物件越小,对控制的精度要求就越高。这就是为什么传统工厂必须将物品摆放在固定位置,稍有偏差,机械臂就无法准确抓取,导致操作失败。

这类机器人虽然具备了强大的力量与较高的精度,但仍存在两大局限:一是没有"眼",缺乏视觉能力;二是没有"腿",缺乏移动能力。但正是这类机器人推动了全球众多工厂的智能化转型,成为工业自动化的重要支柱。

所以,与"手"相关的机器人研究中最基础且成熟的技术,已经发展得相当完善。正如前文所述,在参访机器人创业公司孵化器 MassRobotics 时,我们发现了一个极具创意的项目——研究人员为机器人的"手"配备了"眼睛",即计算机视觉(Computer Vision,CV)。

真正的计算机视觉绝不是简单地安装摄像头了事,它还需要能明白"图像里是什么",也就是通过算法来理解图像内容。自 2012 年 AI 算法取得突破以来,计算机视觉技术突飞猛进,终于让机器人获得了视觉能力。当机器人同时具备"手"和"眼"时,物品就无须固定摆放,即使随机散落在筐中,它也能准确识别并抓取,因为它能"看见"了。

MassRobotics 的这个项目能在短短一年半内快速崛起,正是因为它做对了一件事:将成熟的"手"技术与新兴的"计算机视觉"技术在一个细分领域内完美结合。这个细分领域就是太阳能电池板的精准抓取与安放。

但你千万不要以为,机械臂是这个项目的创新。市面上那么多成熟公司,它找一个做机械臂的小公司采购就行了。这个项目真正的突破在于机械臂与太阳能电池板接触面的特殊设计。面对昂贵又脆弱的太阳能电池板,传统抓取方式极易造成损坏。这个项目的核心技术在于接触面上的类吸盘装置,配合高精度视觉训练系统,实现了力度恰到好处的精准抓取。

对于机器人的"腿",该项目团队反而没有投入太多精力。

他们称为"vehicle"的底部移动装置，本质上就是一台遥控车。

前文已经提到，这个只由10人团队组成的公司现在已经实现收支平衡了。它能成为一众机器人创业公司中的"黑马"，靠的就是田忌赛马的对抗性智慧。

有的机器人公司拼命研究"手"，把它做得跟人手一样有五根手指，但是，两根手指是不是也能完成抓取功能？

有的机器人公司拼命研究"腿"，以著名的波士顿动力公司为例，这家公司的确非常优秀，但其研发成本令人咋舌。它花了几十年时间研究怎么让机器人被踢了也不倒，采用昂贵的液压系统，只为实现机器人被踢踹仍能保持平衡的极致性能。但是，AI技术的突飞猛进，让新兴公司只用半年时间，就通过强化学习实现了各种"腿"的功能。

这就是技术的无情之处。

当下，真正关键的创新在于如何巧妙地排列组合"手""眼""腿"。谁能找到最优解，谁就能在这个领域赢得先机。

这几天参访的科技创新公司都令人印象深刻，但说句实话，其中大部分项目很难活到最后。如果想在这场"生存对抗赛"中胜出，它们现有的专利数量至少需要再增加两个零。

问题的核心在于"壁垒"建设。真正的竞争壁垒是什么？是扎实的科研能力、网络效应、品牌价值和管理体系。如果这些方面都不够强大，那么至少要在专利储备上下足功夫。

在参访一家户外手术器材创业公司时，我询问了他们在中国市场的专利数量，得到的回答是"大概五六个"。这个数字，说实话，几乎等同于没有。

那么专利究竟有什么作用？我认为主要体现在两个方面。

一是宣传。一家公司说"我有专利"，就意味着"我很厉害"，比别人更创新。这是为什么很多公司在打广告或者找融资时总会强调自己有哪些专利。

二是保护。很多人对专利保护有个误解，认为专利保护的是"结果"。其实，专利保护的是实现这个结果的"方法"，或者说是"过程"。你可以这么理解：专利并不保护罗马，只保护你去罗马的这一条路。

可是，条条大路通罗马啊！你走出的只不过是一条路，但你让大家知道了罗马的存在。别人走其他路去罗马，也可以申请他们自己的专利。所以，只有几个专利，压根儿起不到太大的保护作用。

很多大公司动辄拥有成百上千项专利，这正是它们的对抗性智慧的体现。这些大公司会通过模拟推演预判竞争对手可能采取的各种技术路径，从而提前布局专利防线。

商业世界真是太有意思了。

在纽约，我看到了川流不息的金钱

如果说波士顿是美国的"大脑"，那么纽约就是美国的"心脏"。一到纽约，我就感受到了与波士顿完全不同的节奏：街上车水马龙，高楼鳞次栉比，整座城市仿佛被按下了快进键，金钱涌动，数据流动，人头攒动……

在纽约，我们的目的地有两个：纳斯达克（NASDAQ）和洛克菲勒资本管理公司。前者是全球规模最大的电子证券交易平台之一，后者则是老牌家族的财富管理中心。这两个地方都是具有传奇意味的暗涌着金钱的风暴之眼。

它们藏着怎样的秘密？

纳斯达克：不只是融资平台，更是金融科技公司

我叫了一辆出租车前往纳斯达克，看着手机上显示的价格，我愣了一下：怎么还要交"拥堵费"？

原来，在纽约打车，除了基本费用，还有一串让人眼花缭乱的附加费用，原本46美元的打车费，叠加到最后，变成

了 67 美元。

我好奇地查询了一下资料，才发现，原来就在 2025 年 1 月，纽约宣布对曼哈顿岛下城和中城地区征收拥堵费。根据纽约市政府的声明，拥堵费每年可为大都会运输署带来 10 亿美元收入，将用于公交基础设施的改造升级。

根据美国媒体 FOX 5 New York 的梳理，在纽约打车时最多需要缴纳 8 种附加费，除了拥堵费，还有黑车基金附加费（用于给司机提供保险福利）、机场通行费、夜间附加费、高峰时段附加费等。这就是纽约，在这座金融之都，每一笔打车费用背后，都有一个利益群体。不过，费用虽然种类繁多，但明细却十分清楚，也体现了纽约尊重规则的一面。

下车后，我们来到了纳斯达克。

我猜，你一定听过不少"纳斯达克敲钟"的商业故事——创始人白手起家，一路筚路蓝缕，终于在纳斯达克敲钟上市，实现财富自由……

这些故事很动人，但纳斯达克究竟是何方神圣？

纳斯达克是一个全球性的证券交易所，成立于 1971 年，是世界上第一个完全电子化的股票交易市场。如果将纳斯达克比作商场，那么，在这里敲钟上市的公司就是入驻到这个商场的商户，向投资者兜售股票等金融产品。而投资者就是顾客，到各个商户的店里选自己喜欢的股票（如苹果、特斯拉），也能转手交易自己买到的股票。

如果你想来"开店"，即来纳斯达克卖股票，首先要交"入场费"，也就是上市相关的费用。此外，纳斯达克还通过品牌推广活动及数据分析服务赚取额外收入。投资者的每笔交易需要支付手续费，虽然单笔金额不大，但庞大的交易量使其成为纳斯达克可观的收入来源。

与传统的证券交易所不同，纳斯达克的收入来源十分多元，股票交易收入占比可能不足30%。它还为其他交易所、金融机构和公司提供技术解决方案，包括交易系统、监管工具和反金融犯罪软件等。这就像商场不仅出租铺位，还向商户出售先进的收银系统、监控设备和安保服务。

此外，纳斯达克还将市场交易数据打包出售给投资公司、研究机构等，开辟了另一条创收渠道。

这就是纳斯达克。它不只是一个融资平台，更把自己打造成了一家金融科技公司。

构建商业生态比收取天价广告费更重要

与纳斯达克同样有名的，还有它门口那个巨大的广告牌——全球著名的纳斯达克大屏。

我站在纽约时代广场，抬头望着这块30多米高的巨大屏幕，不禁感慨：这可能是全世界最著名的广告位了。但你知道吗？在这里打广告，价格比你想象的便宜得多。

纳斯达克大屏的广告投放周期灵活多样，从月、周、天到小时，应有尽有。据我搜索到一些广告商报价，约15 000美元就能投放一整天，循环播放300次，每次持续15秒。所以，即使是世界金融中心最醒目的广告位，也要让利给小客户。

这可能是一种深刻的商业洞见：与其一次性收取天价广告费，不如降低门槛，让更多企业参与其中，共同构建更繁荣的商业生态。

正在思考这些问题的时候，我看到了一个"老熟人"——TikTok。

TikTok的广告讲的是TikTok的经济影响。

一个短视频平台能有什么经济影响？那你可能有所不知。根据牛津经济研究院的数据，相较于大型企业，中小型企业（SMBs）尤其能够从TikTok的算法中受益，TikTok能帮助用户发现符合其偏好的小众品牌。2023年，美国中小型企业在TikTok上的活动为美国GDP贡献了242亿美元，并支持了 224 000 个就业岗位。

时代广场的另外一处，还有一个巨大的广告牌，上面的内容也和 TikTok 有关：我去年在 TikTok 上的收入翻了三倍。

尽管 TikTok 正在面临巨大的挑战，但无论是 TikTok，还是 TikTok 上的中小型企业，依然在坚定地证明自己的价值。

纳斯达克也懂"情绪价值"

在纳斯达克，我还亲眼见证了一场上市敲钟仪式。

说实话，一开始我以为这只是一个形式化的流程，但没想到，纳斯达克居然如此懂得"情绪价值"。

早上，大厅里还在录制节目。9 点整，电视台的设备迅速撤场，一群西装革履的高管们端着咖啡走进大厅。工作人员快速布置好现场，桌椅、话筒、摄像机转眼间各就各位。

一切准备就绪后，主持人上台。这位主持人的表现让我眼前一亮，他不像是在主持上市仪式，而是像在主持婚礼一样热情。

接着，摄像机对准讲台，开始直播。公司创始人上台发言，大约 9:30，随着倒计时结束，按钮按下，色彩缤纷的纸片从天而降，欢快的音乐随之响起。原本严肃紧张的团队成员们开怀大笑,相互拥抱庆祝。

连我这观众,都不由自主地为他们高兴。

上市对公司来说是一个里程碑时刻,纳斯达克很懂。所以,纳斯达克的工作人员用专业的设备和最温暖的方式,给登台的创业者们打造了属于他们的高光时刻。

这或许就是纳斯达克能成为全球最受欢迎的交易所的原因之一。

财富传承成了家族资产管理的重要课题

告别纳斯达克,我们来到了洛克菲勒资本管理公司。

都说"富不过三代",这话不乏道理。但洛克菲勒家族却让人忍不住感慨:谁说"富不过三代",他们都到第七代了。

洛克菲勒资本管理公司的历史可以追溯到1882年。

当时,约翰·D.洛克菲勒创立了标准石油公司,在全盛期垄断了全美90%的石油市场,成为历史上第一位亿万富豪。为了管理庞大的财富,他创立了洛克菲勒家族办公室。

20世纪70年代,这一机构从单一家族办公室转型为多家族办公室,开始为其他家族提供财富管理服务。80年代,洛克菲勒公司成立,业务范围进一步扩展至更广阔的投资领域。

2018年，洛克菲勒公司与对冲基金维京环球投资共同成立了洛克菲勒资本管理公司，这是一家独立的金融咨询服务公司，为更多超高净值客户提供多元化服务，包括资产与人身安全保障服务，以及面向下一代的金融教育服务。

但是，这并不意味着它和洛克菲勒家族脱离了关系。现在，洛克菲勒家族仍持有洛克菲勒资本管理公司大概10%的股权，也仍然委托该公司管理大部分家族资产。

和大多数人理解的可能不太一样，家族资产管理不仅仅局限于投资领域。或许之前是这样的，但现在情况已经变了。

洛克菲勒资本管理公司的一位高管说，美国的财富管理行业已经转向了更全面、更深度的服务，涵盖投资管理、税务筹划、慈善规划、保险咨询等多元领域。简单来说，它不仅帮客户管钱，还帮客户规划生活。比如，为不同目标配置专属资金，如子女教育储蓄、退休养老基金、资产保值专款等，每笔资金都根据其特定用途和风险承受能力进行差异化管理。再比如，全面评估保险覆盖范围，以规避意外风险。

所以，如果你主要关心投资回报率，说明你还不太符合它的客户标准。对巨额财富来说，高回报率很难达到，因为任何单一项目的资金容量都难以承载如此规模的资产。而对拥有巨额财富的家族来说，此时最重要的课题也不是投资，而是财富传承。

说到传承，我有一个很有趣的感触：想让财富传承下去，就不能轻易让下一代管钱。

那么，应该由谁来管理财富呢？交给专业团队管，后代只保留财富的使用权即可。

如果将财富管理权交给后代，"富不过三代"的魔咒很可能会应验。这是因为，智商往往遵循均值回归规律——一位清华高才生的子女，大概率是考不上清华的，运气差些，可能连考普通高校都费劲。而企业创始人创业成功，除了自身的聪明才智，运气也是很重要的因素。他的下一代不仅智力水平可能不及父辈，更未必能复制同样的好运。将财富管理权交给他们，风险显而易见。相比之下，委托专业人士管理更为稳妥。因为任何时代的财富管理都不是把钱存进银行那么简单，如何选择相对安全的资产配置，怎样分散投资以规避风险，都需要专业人士的指导。

量化基金是"坏事"吗

在洛克菲勒资本管理公司，我还深入了解了一个很有美国特色的东西：量化基金（quant fund）。

中国A股市场以散户交易为主，且多为主动交易。但是在美国市场，有很多交易是量化交易。

什么是量化交易？简单来说，就是把投资策略写成算法模型，由程序自动执行股票买卖。这些算法通过分析海量交易信号（包括经济数据、全球资产走势以及公司实时资讯），自主进行交易决策以获取收益。

说到量化基金，就不得不提文艺复兴科技公司（Renaissance Technologies）。这家公司聘请了上百位数学家和编程专家，构建了一系列精密的交易模型，其旗下的大奖章基金在27年间平均年化回报率达到35%，这一成绩甚至超越了"股神"巴菲特的投资表现。

洛克菲勒资本管理公司的投资专家解释说，理想的量化基金能运用复杂的数学模型，在极短时间内捕捉市场的微小波动，当出现特定的市场信号时，基金便会自动执行交易并实现盈利。

说到这里，很多人可能眉头一皱：高买低卖，左手套右手，这不就是投机倒把吗？

确实，无论是量化交易还是做空机制，都饱受争议。在很多人眼中，量化交易者就是"套利客"，发现价格差就去套利。而做空者更是"市场破坏者"，明明企业经营良好，他们却偏要打压股价。

但是,这真的是"坏事"吗?

举个例子。假设一家公司的股票被严重高估了,市值达到了 10 亿元,但其实际价值可能只有 5 亿元。如果没有做空机制,这种虚高的状态可能会持续很久。等到泡沫破裂时,跌幅就会非常惨烈,伤及所有投资者。而做空者的存在恰恰能遏制这种失衡。当股价明显被高估时,做空者会为了获取利益而采取行动,比如发布研究报告,揭示股价虚高现象,从而促使价格回归合理水平。

当然,通过散布谣言做空,属于违法的市场操纵行为。但正常的做空操作,实际上有助于维护市场健康。正是做空者的虎视眈眈,迫使企业只能通过提升效益来获得认可,而不能靠炒作维持股价。

量化交易也是同样的道理,表面上看是在"套利",但正是这些套利行为,使市场的价格差异被快速抹平,推动市场回归均衡状态。

或许,真的如同那句话所说:没有量化交易的市场,就像没有自动稳定器的机器。量化交易看似是在制造波动,实际是在防止更大的震荡。

自由和平等,有时恰恰是矛盾的

晚上,我们坐船去看自由女神像。

站在船上，看着这座高 46 米的巨型铜像，一位小朋友突然问，什么是自由？

导游随即解释道，自由就是平等。

这让我陷入了深思，因为在我看来，实际情况可能恰恰相反。自由和平等，在很多时候是矛盾的。

看看今天的美国社会。它是一个比较自由的社会，但同时也是贫富差距最大的社会之一。欧洲的福利体系让社会更加平等，但其经济发展的活力明显不如美国。为什么会这样？

所谓自由，意味着在法律框架内保护每个人的财产权，你想干什么都可以。但正是这种"想干什么都可以"，必然会导致财富向某些人群集中——最懂科技的人、最有才华的人、最善经营的人。

你可能会说："不行不行，我不懂科技，没受过这方面的教育，出身也不好，凭什么我就要比别人穷？我也要一样的财富。"

好。那怎么办？只能通过行政手段来限制自由、强制平等。

但一旦这么做，那些有能力的人创造财富的动力就会减弱。他们会想："反正最后都要被分掉，那我还这么努力干什么？"

所以，这是一个永恒的难题：自由会带来发展，但发展必然导致差距。平等会带来公平，但公平可能会制约发展。

有的时候，我们觉得市场不该被严格管理，但一旦侵犯到自己的利益时，就又觉得管理得还不够。

怎么办呢？

我的理解是，平等很重要，因为我们要实现共同富裕。但要实现这个目标，可能需要给予人们足够的自由。只有这样，那些愿意奔跑的人才愿意推着经济的车把往前跑，整个社会的蛋糕才能做大，大家才有更多的财富可以分配。

站在纽约林立的高楼间，我们通过走马观花，隐约看到了这里金融体系的一角。或许，其中的一些做法可以为我们提供参考。

创业者的多元突围

在美国的最后一天，我们与几位在纽约的中国创业者相聚，听他们分享自己正在做的项目。

他们中，有人原本在大公司工作，创业之路刚刚起步；有人的创业项目已经大获成功；还有人在项目被大公司收购后，在探索新的方向。再往前追溯，有人在耶鲁求学，有人毕业于清华大学，还有人曾是国家数学竞赛集训队成员。

这些年轻人如此优秀。我一边感谢他们在百忙之中抽空与我们分享，一边希望他们在美国赢得竞争，发展顺遂，一边忍不住期待国内能涌现出更多优秀的人才。

值得一提的是，尽管同样优秀，他们的风格却与我们在硅谷、波士顿见到的朋友不太一样。

在硅谷，大家思考的是如何改变世界；

在波士顿，大家更多是在想如何拯救世界；

而在纽约，正如一位在此创业的中国朋友所说："这里的一切都跟钱有关。"

无论是硅谷的"新钱"，还是波士顿的"老钱"，最后大多都会汇聚到纽约曼哈顿。这种资本的聚集，为这里的创业者提供了解决当下问题的有力支持。

那么，他们当下具体在解决哪些问题？和此时此刻的国内有什么不一样？

对冲

当天交流的很多创业者，都涉足一个领域——金融科技。我和同行的企业家对其中不少项目都感兴趣，这些项目在国内尚属少见。

第一个分享的项目是对冲基金。如今对冲基金在美国十分盛行，但如果这种模式普及于国内常见的散户投资者群体，不一定是好事。

要理解这一点，我们需要先搞清楚"对冲"这一概念。

"对冲"这个词，听起来有些宏大。说复杂可以很复杂，全是数学模型。说简单也可以很简单，你不妨想象一下降噪耳机的工作原理。

降噪要降到连喊吃饭都听不见那种程度，应该怎么做？只靠物理隔音是不行的，还需要主动出击。降噪耳机一旦监测到外界有声音，就主动向外发出一个与其频率相同但相位相反的声波。噪声波谷它波峰，噪声波峰它波谷，在噪声"波及"到你前，尽可能地和噪声两相抵消。

这种针对外部波动的策略性抵消，正是对冲的基本原理。

现在，摘掉降噪耳机，回到闹哄哄的金融市场。

假如你想买茅台股票，但又有顾虑：买吧，对白酒行业的未来走势不太有把握；不买吧，那又是茅台。这时，你应该怎么办？

散户常用的一种策略是找人打听内部消息，这种策略有时有用，但换个角度看，也可称之为盲目押注、听天由命，或赚取认知范围之外的钱。

当然，还有另一种交易策略——"做多茅台，做空白酒"。一边买入茅台股票，一边卖出白酒行业相关的股票或期货合约。当白酒行业整体向好时，茅台股价自然水涨船高，你获益；如果白酒行业下行，通过做空行业，你还是会获益。

有人会质疑：这种操作虽然能确保一头获利，但另一头必然亏损，收益没有实现最大化，有什么厉害的？

关键在于，这种策略有效地对冲了系统性风险。

吴军老师在他的书里曾经说过一个很有意思的观点：有了负数的概念后，我们必须明白 0 不是最小的数，负数才是。这个世界上还有比没钱更糟糕的事情，那就是欠了一屁股的债。

这句话换成巴菲特来说，就成了：投资的第一准则是永远不要亏损，第二准则是永远牢记第一准则。

收益与风险始终相伴而生。基于"消息"的跟风押注，与基于"对冲"的价差捕捉，代表着两种截然不同的投资哲学。和我们分享的第一位创业者研究的就是对冲机制，他的研究成果先见诸学术论文，后来完善为交易策略，最终他基于这样的策略开发出了一款对冲基金产品。

信息

股票市场上的所有交易都离不开对数据的掌握。但对数据的掌握，从前并不是人人平等的。

我们先思考一个问题：投资决策所需要的数据信息通常从哪里来？

一位创业者向我们介绍了两种典型的获取方式。

对散户投资者而言，信息渠道不外乎以下几种：打听所谓的"内部消息"或"专家建议"，浏览各类视频和文章，查阅传统数据如财务报表和公开新闻。然而，这些渠道存在很多局限，比如，英文资料可能形成语言障碍，分散的数据平台增加了获取难度，知识盲区和情绪波动又会进一步削弱这些信息的决策价值。

而机构投资者则采取截然不同的策略。以量化交易和对冲基金为例，如果和别人使用同样的数据，是不可能比别人更快准狠的。于是，很多机构用资金换取信息优势。它们不惜重金购买那些难以获取的、非传统的、海量且实时的数据。在美股市场，甚至还会设法获取暗池信息。

散户与机构，传统数据与非传统数据，这种信息获取能力的悬殊对比，使散户想要及时做出准确的投资决策，好像是举步维艰啊!

但这位创业者告诉我们,他们正在开发一个基于人工智能和大数据分析的投资决策平台,致力于为个人投资者创造更平等的数据信息环境。

这个平台不仅整合了包括非传统数据在内的高质量金融数据供散户参考,还提供信息监测服务。一方面,在美股市场,当大额交易者希望避免引起市场关注时,往往会选择暗池交易——采用隐蔽的交易方式来保护自己的操作信息,以及在交易结束后才会对公众公开交易信息,防止被市场跟风。另一方面,美国法律规定,任何投资者、企业、个人购买上市公司的股票,其股权达到一定比例时,必须向美国证券交易委员会报告。这两类信息是可能影响股价走势的重要信号。这个平台正是通过监测这些信息,为投资者提供及时的预警和参考。

AI 红娘

再来思考一个问题:如果你有 8 小时时间或 5 万美元,你会如何利用这些资源?

在美国,这些资源可以用来交朋友、找对象。一位创业者告诉我,当地常见的社交途径有两种:一是花 8 小时甚至更多时间，通过约会软件结识对象，再约到线下见面；二是花 5 万美元甚至更多钱，请专业红娘服务一年，帮忙物色对象。

可是，有没有花得更少、效果更好的方案？

AI 给出了肯定答案。在美国，有一种叫作"AI 助聊"的 AI 社交产品已经获得了成功。你可以丢给它一段非常无聊的话，让它帮你把这句话变得"有意思一点""更有意思一点"。你还可以请 AI 用它最擅长的"说废话"，帮你把寒暄变轻松，把闲聊变有趣。

不过问题来了：要是聊天都用 AI，以后社交的真实性是不是要打问号？整个信任体系会不会崩塌？

创业者们跟我说，关于 AI 社交的未来，现在有两条路：一是直接用 AI 满足所有社交需求，比如做个 AI 男友／女友机器人；二是用 AI 搞定社交里烦人的部分，只留下有意思的，比如让 AI 当红娘，用户不用尬聊就能匹配到合适的人，直接线下见面。用户要做的，就是先跟 AI 聊聊真实需求，等它整理上传数据库，帮忙找符合需求的人选，然后听 AI 拿着对方照片告诉你为什么合适，顺便发来它约好的时间地点和餐厅，你只要人去就行。

有意思。不过说来说去，金融啊，AI 啊，听着还是有点远。有没有更接地气的项目？

"不知道怎么办"的衣服

你的衣柜里，有没有让你"不知道怎么办"的衣服？

一位创业者和我说，起初，她只是发现，她的衣柜里堆积了太多让她不知道怎么办的衣服。买的时候是真的喜欢，但买了之后，才发现不合适，或者没什么机会穿，最后只能放在衣柜里，任由它们占用空间。有时候想丢掉，又觉得太可惜，明明还很新。

后来她发现，自己并不是唯一遇到这个问题的人。美国女性平均每人拥有超过100件衣服，但这些衣服的实际使用率可能只有20%左右。

那么问题来了：为什么不把这些衣服放到二手交易平台上卖掉呢？

她做了一次市场调研，询问了大约250人。很多人提到了两个主要原因：交易等待时间太长，以及能卖出的价格太低。等待时间长还可以忍受，但最让人难以接受的是价格，原价1000元买的衣服，没穿几次甚至一次都没穿过，却只能卖200元。这谁能忍？

于是，她决定创立自己的二手服装交易平台。

真勇敢。可是，自己做平台，那两大难题就能解决了吗？

先说第一个难题：怎么让买卖双方都能尽快成交？

她的做法很特别——用"逛"的逻辑取代"搜"的逻辑。"逛"是你在平台已有的货里挑选，你看中的衣服我有现货，关键在于供需匹配要精准。而"搜"是你想买什么就搜什么，这要求平台必须有海量商品。

商品充足时，两种模式都好办。可二手服装的货源极不稳定，断码缺货是常事。这时候把"搜"变成"逛"，就成了一种很聪明的打法。

随之而来的，便是第二大难题：二手服装怎么卖出更好的价格？基本逻辑是尽可能挖掘价值空间。比如，一件原价1000元的衣服，在其他平台上只能卖200元，在这里能不能卖到400元？理论上可行，只要把交易成本压得足够低。但实际操作中问题不少：衣服寄来要验货，验完要入库，再加上服装类商品退货率本来就高……

太不容易了，但是这也启发了我——旧衣服里也能找到新机会，只要你能重塑交易逻辑。

"可持续"的联合国

在纽约，我参观了联合国。

很多人都知道，二战后成立的联合国，初衷是帮全世界解决问题。正如第二任联合国秘书长达格·哈马舍尔德所说："创建联合国不是为了将人类带入天堂，而是为了使人类免于堕入地狱。"

那么如何才能"免于堕入地狱"呢？联合国列出了17个需要实现的可持续发展目标，包括无贫穷、零饥饿、气候行动、优质教育、性别平等，等等。然而，就算每年投入巨额资金，过去这些年里，仍有9个目标不仅没有进展，反而出现倒退。

就拿童婚问题来说，按照目前的进展，要实现性别平等的目标可能需要300年之久。这着实令人震惊，那该怎么办呢？或许，这需要来自世界各地的说着中文、英语、法语、阿拉伯语等不同语言的人们共同努力，尽管大家的文化背景各不相同。或许，这需要全部成员国及时缴纳年度会费，尽管过去几年该费用从未全额收齐过。

又或许，联合国面临的最大挑战还不是那17个可持续发展目标，而是"第18个问题"——自身的可持续性。

其实，不光是联合国，站在世界百年未有之大变局中的你我，也应思考：我们该怎么做才能更好地可持续发展？

或许，我们早些时候在参观摩根士丹利时获得的一些启发，对这个问题会有帮助。

在收益、风险和预期的流动性之间找到平衡

那天站在金融巨头摩根士丹利的楼下,我突然有个感触。这个感触和我参观洛克菲勒资本管理公司时的感受颇为相似:真正的财富管理固然要追求收益,但更重要的是让财富能够穿越周期。因为在不同的经济环境下,各类资产的价值都会剧烈波动,即使是黄金、美债这些看似稳健的资产,有时也会暴涨暴跌。在世界百年未有之大变局下,更是如此。

在这个过程中,专业人士的作用至关重要。

什么是专业人士?

首先,他们没有金手指,不能像聚宝盆那样让财富瞬间成倍增长,甚至自己还在努力赚取"第一桶金"。

其次,他们凭借专业能力,总能精准识别风险,把资金配置到相对安全且具备长期价值的资产上。

最后,即使他们今天判断正确,明天依然会面临新的挑战。他们会持续遇到新问题,持续解决新问题。

那天有位分享者说得很好:财富管理的本质,就是在收益、风险和预期的流动性之间找到平衡。

寻找属于自己的机会

这次美国之行,我特别关注一个话题:在中美竞争日益激烈的大背景下,那些在美国生活、工作的中国人过得还好吗?

通过与他们交流,我了解到了很多让我大为惊讶的信息。

"曼哈顿计划 2.0 时代"

一位学生告诉我,她很多从事 AI 研究的同学在出入境美国时,常常受到美国海关的特殊审查——被带进单独房间,详细检查签证材料,盘问学习和工作情况,甚至逐篇审阅发表的论文。

其实,这些举措的核心目的很明确:评估论文是否包含关键技术,是否会对美国构成潜在威胁。一旦认定存在风险,这些留学生就会面临入境限制。这几年,类似的新闻我时有看到。

很多在美华人向我透露,如今,美国正在想尽一切办法确保自己在 AI 领域的绝对领先优势,有人将这一战略称作"曼哈顿计划 2.0"。

曼哈顿计划是二战期间美国主导的一项绝密核武器研发项目。当时,德国和美国都在研发原子弹,如果德国率先研制成功,世界历史都可能被改写。最终,在罗伯特·奥本海默等顶尖科学家的努力下,美国成功完成了曼哈顿计划,成为全世界最早研制出原子弹的国家。

而在"曼哈顿计划 2.0 时代",这种竞争,甚至会波及我们想象不到的领域。

比如,艺术。

另一位学生对我说,她打算在艺术领域展开研究,借助 AI 解决艺术问题。在她看来,艺术受到的限制会少一些。

但是,真的是这样吗?

恰好,那天晚餐,我有幸与波士顿美术博物馆副馆长一同用餐,他是华人,1998 年就来到美国。作为艺术领域的资深从业者,他说,其实在国际大势下,艺术领域也很难幸免。

每年,波士顿美术博物馆都会与世界各国的知名美术馆开展展品交流活动。但是,这种文化交流背后,存在着许多外行人不了解的复杂情况。

以关税为例,我原本以为艺术品借展作为文化交流项目,不会涉及关税。但他告诉我,实际情况恰恰相反——某些类型的中国艺术品赴美展览时,美国海关会对其征收高额关税。

你可能会说：这只是借展，最后要还的，怎么能收税呢？

但美国海关有自己的逻辑：我怎么知道你会不会把它们卖掉？你先把关税交了当押金，等艺术品还回去时，再把钱退给你。

很多美术馆都是"高资产、低现金流"，虽然拥有价值连城的艺术品，却没有足够的现金交税，这就极大地阻碍了艺术品的国际交流。

你看，即使是艺术领域，也难免受到限制。

和中国制造业的互补

但好在，不全是坏消息。

这几年，全世界掀起了一股"逆全球化"浪潮，很多人对国际贸易的前景充满担忧，甚至担心中美贸易脱钩。

但很多深谙中美关系的学者告诉我，中美在各个产业链上的依存度实在太高，无法脱钩。一位华人教授对我说，他实验室里几乎所有的仪器设备都产自中国，在别处几乎找不到替代品。

中美就像一对连体婴儿，看似彼此制约，实则命运相连。分离手术虽然理论上可行，但风险和代价都高得惊人。

美国早已不是近百年前建造帝国大厦时的工业强国。如今美国的产业链更偏重基础科研和教育，制造业大量外迁。美国本土生产的机械设备要么成本居高不下，要么质量参差不齐。论制造业规模，中国是毫无争议的世界第一。

站在历史的十字路口，我们都身处一场前所未有的大国博弈。中美两国，一个是制造业的巨人，一个是科技创新的先锋，像两条巨龙盘旋在同一片天空之下。彼此竞争，却又难以分离。时而对抗，却又不得不合作。

复杂的竞争与依存关系，会激发出更强大的创新力量，推动人类文明不断前行。

而我们每个人，都要在这样的时代背景下，寻找属于自己的机会。

中国人在美国过得不容易

在这次交流中，我问了很多在美生活多年的华人同一个问题："这里的生活，还好吗？"

得到的回答出奇地一致：坦白说，并不容易。尤其是当你克服了最基础的语言关，想要真正融入当地社会时，更难。

原因很简单，他们缺少与当地人的"共同记忆"。

共同记忆就像空气，当地人习以为常，而外来者却时刻感受着它的缺席。即使你的英语再好，当美国人谈起二十年前的某位棒球明星而哄堂大笑时，你仍然会感到茫然。因为你和他们没有共同的成长经历，没有共同的记忆。就像一位在中国生活多年、能说一口流利汉语的外国友人，在别人说"宫廷玉液酒"时只会一脸茫然。有人用"他吃了两碗粉，只给了一碗钱"来表明清白时，他也完全摸不着头脑。

但这些或明或暗的困难，从未阻挡探索者的脚步。他们依然远渡重洋，用智慧与坚韧搭建起连接东西方的桥梁。

他们的故事，是全球化时代最动人的篇章。

而我的任务，就是不断发现这些故事，然后，说给你听。

回到国内

中国的大航海时代
才刚刚开始

历史不会重复，但会押韵

每次回到国内，我都会狠狠吃顿川菜，好好睡个饱觉，这样，我的精神才会逐渐松弛下来。出海这件事，不知道对你来说怎么样，对我来说非常难。

2012 年，我第一次去南极，从上海飞迪拜，从迪拜飞里约热内卢，从里约热内卢飞布宜诺斯艾利斯，从布宜诺斯艾利斯飞到世界的尽头乌斯怀亚，整整两天两夜。我带着一个 28 寸的大箱子，里面有我最重要的物资——20 包方便面。

2016 年，我去中东。我箱子里"最重要的物资"更丰富了一些：大米、榨菜和一个"神器"——一口可以煮粥的锅。我感觉自己就像是一个行走的厨房。

2024 年，我去墨西哥。我决定再也不带这种又丑又重的锅了，于是换成了一口更好看的锅。

"背锅"还在其次，更难的是，我白天奔波学习，晚上还要复盘写作，常常写到凌晨 1 点，然后第二天 7 点起床继续出门学习。

你可能会说：你这不是自找的吗？既然这么辛苦，为什么还非要出去？

因为我们站在了一个时代的门口，这个时代叫"中国的大航海时代"。

我先给你讲一个故事。

很久以前，有一个国家，经济面临挑战，企业遭遇困境。是什么样的挑战与困境呢？我们来看一首诗：

对美摩擦频起争，地产泡沫忽成空；

内需渐缓难复兴，老龄少子叹长风。

给你 10 秒钟，猜猜看，这是哪个国家？

这个国家是日本。

20 世纪 80 年代，日本和美国的经贸摩擦逐渐加剧，直接导致了 1985 年的"广场协议"。此后，日元大幅升值，日本商品的价格不断上涨，日本的出口因此遭受重创。为了应对 GDP 增长减速，日本政府下猛药刺激国内经济，造成日本房地产积累了巨量泡沫。泡沫最终在 20 世纪 90 年代破灭，日本国民和企业因此负债累累，再加上人口老龄化和少子化日益严重，日本从此进入"失去的30年"。

这个故事是不是听上去很有启发意义？是的。马克·吐温讲过一句著名的话：历史不会重复，但会押韵。

说得真好。

所以，当企业面临巨大挑战，甚至感到束手无策时，不要一味地站在原地焦虑，而是应该回过头，看看三十年前曾经遇到相似情形的日本是如何应对难题的。

日本人应对的方式是，开启"日本企业的大航海时代"。

日元升值，意味着同样数值的美元原来在日本能买到4件衣服，现在可能只能买到3件了。这导致日本商品在全球范围内变贵，日本企业出口贸易的竞争力因此下降。

但是，坏消息的背面，往往是一个好消息。日元升值，同时也意味着，同样数值的日元原来在国外可以雇用3个工人，现在可以雇用4个了。对日本企业来说，对外投资变得更划算了。

于是，20世纪90年代，大量日本企业到海外投资，索尼、本田、松下等纷纷在全球范围内建厂，雇用当地人，生产当地需要的东西，服务当地的顾客。出海，给这些企业的发展接上了一个新引擎。然后，它们在海外创造的收入和利润又流回日本，用来对冲它们在日本国内的经营挑战。

波澜壮阔的"日本的大航海时代"由此开启。

1994年，海外收入占日本GDP的比重为3%。然后，这个比重一直加大，到2022年，海外收入已经能占到日本GDP的10%左右。这对日本国内经济起到了巨大的支撑作用。出海成了"失去的30年"里日本经济没有崩盘的重要原因。

现在，中国的大航海时代已经缓缓拉开帷幕。面对这个崭新的时代，我们怎么能安坐在家中，不去拥抱它呢？

去到现场，才会看到答案

出海最重要的是什么？答案当然是：出来！

坐在家里，只能揣测。去到现场，才有答案。

比如，去墨西哥之前，我想了解一下墨西哥的法定假日与中国的有何不同，于是问了ChatGPT。ChatGPT告诉我：墨西哥每年的法定假日（元旦、劳动节、圣诞节等）是8天，中国是13天。如果法定假日发生在周末，中国会调休，而墨西哥不调休，这一天就算了，不会顺延到工作日以作补偿。

法定假日发生在周末不顺延？有点奇怪。到了墨西哥后，小米公司驻墨西哥的同学告诉我，他们一开始也觉得奇怪，但尊重，毕竟是当地法律规定的。到了某个周末，正好赶上法定假日。周一，小米同学"依法"去上班，但那一天，整栋楼里来上班的只有小米的人。他们很惊讶：为什么啊？法律不是规定"不顺延"吗？是的，这是法律规定，但是，每个国家在法律规定之外还有一些"约定俗成"，比如，墨西哥人在"法定假日发生在周末不顺延"这件事上的"约定俗成"是：不按法律执行。

再比如，我去印尼的中资企业参访时，有家企业的负责人告诉我，初到印尼时，他们因为不了解当地文化，闹得很尴尬。出海之前，他们虽然对印尼文化进行了很多研究，但到了印尼，才知道当印尼民众对某些现象或某家公司不满时，会上街游行示威，表达他们的诉求。这家企业周边的村民为了获得更多的工作机会，就在附近组织了游行示威。起初只有十几个人，拉了一条小横幅，但后来人数逐渐增加到上百人，他们拿着大喇叭，整整游行了半天。这家企业的负责人蒙了，向当地人请教，才知道这样的游行在印尼时常发生。

为了解决这件事，他们请村民来工厂参观，解释说在这里工作需要一定的技能和语言能力，不是随便就能来做的。后来，他们还为村民提供英语培训，并赞助了一些社区活动。

通过这些努力，双方的关系才逐渐缓和下来。

很多事情，在国内的时候，你以为自己清晰地理解了。但只有出来了，你才会惊讶地发现居然是这样！

所以，我强烈建议想出海的企业家们，一定要先亲自出来看看。派任何人，都不如自己。只有把自己深深地浸泡在那个陌生的信息环境里，才能做出符合实际的判断。

在家想一千遍，不如出来看一遍。

钱不在地上，钱在山上

有不少人出海，其实是抱着一种"捡钱"的心态，想简单轻松地赚大钱。

比如，有些人觉得只要把国内的商业模式复制到海外，就能大获成功；或者从国内找一些海外稀缺的产品，就能躺着赚钱。但我要告诉你，这种心态是不行的。因为现在能从地上"捡到"的钱，几乎已经被捡光了。

我在印尼时，一家企业的负责人告诉我，在东南亚做电商，早期确实有一波红利。比如，你可以通过一些廉价甚至不太合规的产品迅速打开市场，在电商平台上大卖特卖。但现在呢？平台与监管都在快速收紧。平台开始提高佣金，如果产品的毛利率很低，就几乎赚不到钱。于是，企业必须专注于产品力强、毛利率较高的品类，才有可能盈利。

所以，当你决定出海时，或许不应该抱着"快速赚到钱"的期待，而是要做好长期投入和深耕市场的准备。

出海，从来都不是到地上去捡那些大块的金子，而是把手插进泥沙里，一点一点把细碎的金子淘出来。

钱不在地上，钱在山上。山上有恶龙，而你必须战胜它。

怎么战胜呢？和你分享我的一些不成体系的收获。

首先要做的，是登陆，去深入了解当地。

我们在阿联酋登陆，在美国登陆，在墨西哥登陆，或者在印尼登陆，碰到的是不同的人，他们有着不同的价值观。我们要做的，是先把船停好，然后真正融入他们的生活。这样我们才能慢慢搞清楚他们一天吃几顿饭，几点睡觉，喜欢看什么电影，最愿意把钱花在哪儿，等等。

如何深入了解一个地方呢？有两件重要的事情。

一是关注当地新闻，了解当地人对事件的看法。我们常说，英文互联网世界对中国有很大的误解。不难想到，中文互联网世界对沙特阿拉伯、越南、印尼乃至全世界，也可能存在误解。因此，一定要看看当地人是怎么说的，怎么想的。

二是找到"明白人"，获取真正有价值的信息。比如，我们在问道全球时，每到一个国家，每到一个城市，都会找到在当地深耕多年的中国企业和当地的中国商会，向相关人士认真请教当地的情况。有了"明白人"的分享，才能更深入地了解当地的营商环境、税法、人口、经济环境、风土人情等，否则，即使在当地待上一个月甚至一年，也未必能摸清楚其中的门道。

在深入了解完当地之后，还要找到自己的客户。

当一家企业出海时，它面对的客户可能有两种：一种是当地客户，另一种是身处海外但来自家乡的客户。番茄资本的创始人卿永老师在谈到中餐出海时提到，如果你的服务对象是当地华人，那就相当于在国内一个相对赚钱的市场开了店，还算不上真正的出海。只有做到让当地客人喜欢并频频光顾，才算真正出海，才能触及更高的天花板。

举个例子，肯德基在中国的服务对象是谁？当然是中国客户。我有很多同事，下班后想不到吃什么时，第一选择就是肯德基。但如果肯德基在中国只服务美国人，别说开出如今的万家门店了，夸张点说，恐怕连十家店都难维持。

再以印尼市场为例，如果我们做小笼包，主要面向的客户是海外华人，那么虽然当地人也会来尝鲜，但这并不是他们的主流食物；然而，如果我们做越南河粉、海南鸡饭或者咖啡，这些就是服务于当地人的。如果我们开的是华人超市，那就是针对当地华人的；如果我们做的是汽车或摩托车生意，那就是面向当地人的。这两种情况的策略完全不同。从市场规模来看，如果我们的服务对象是印尼华人，那么我们面对的是一个几百万到一千万人口的市场。如果我们服务的是全体印尼人，那我们面对的就是一个2亿多人口的庞大市场。

所以，当我们决定出海时，一定要搞清楚：我们具体服务谁？是当地人，还是海外华人？

不过，无论服务谁，请记住一件事：我们是来帮忙，而不是添乱的。

回忆一下20世纪90年代。当时，不少美国企业进入中国，我们对这些外企抱着什么样的态度呢？通常是：这是我们的国家，我们希望产业升级、民众富裕、国家富强，希望过上美好生活，所以，我们提供市场，你们提供技术和流程，帮助我们建设国家。你们是配角，我们才是主角。

同样的道理，当我们作为外来者进入其他国家时，也要思考这样一个问题：在他们追求美好生活的过程中，我们能提供什么帮助？

如果我们去海外只是为了自己的短期利益，结果给当地制造了麻烦，那就绝对不可持续。

比如，印尼政府非常重视本土中小企业的利益。如果我们用极低价格的产品扰乱市场，导致本土企业无法盈利，那么自然会受到政策和法规的限制。

但如果我们换一种方式，成为印尼几万家小店的供货商呢？在我们的帮助下，它们提高了运营效率，获得了更便宜且合规的品类供应。于是，几万家门店、十万个家庭，可能都会因为我们的存在而变得更好。这样，我们自然不会受到政府的限制。

在很多地方，我们也能看到印尼政府对外来企业的诉求。比如，印尼的投资部门叫作"投资和下游化部"。为什么投资会和下游产业一起管理呢？举个例子，早期印尼靠矿产赚钱，如镍矿和铝矿。但卖矿石怎么能实现长久发展呢？于是，印尼开始发展下游产业。如果要在印尼做矿石下游生意，来这里建厂，那么生产铝锭、铝管或其他深加工产品，不断增加附加值，是更好的选择。

请记住：我们是来帮忙，而不是添乱的。给别人创造价值，才能赚到长久的钱。

平视世界，才能看到不同

出海时，有一件事一定要注意，那就是我们看这个世界的目光。

出来的目的，是看到不同。而这些不同，只有平视的时候，才能看到。

在墨西哥时，很多人向我分享，刚到墨西哥的时候，他们会不由自主地"俯视"墨西哥人，认为他们效率低下，需要被工业化好好"改造"。

但是，多待几天，他们就会反思自己的看法。墨西哥有一半以上的人生活在贫困线以下，但他们热情、开朗，脸上总是挂着"没心没肺"的笑容。周五拿到工资，他们当天晚上就去狂欢了。任何节日，他们都能把它过成狂欢节。

他们没有买房问题吗？他们没有入学问题吗？他们没有养老问题吗？他们不为未来而焦虑吗？我承认，我见识浅薄。但我很想知道为什么这个世界上真的会有人"穷开心"。墨西哥人告诉我，这是因为在他们心中，有很多东西比钱更重要，比如家人、朋友。真正的快乐，不来自钱。内心富足，才是真的富足。

在越南年轻人的脸上，我也看到了这种源于内心富足的笑容。

越南有很多勤劳努力而且心态十分平和的年轻人，比如我们在越南的导游阿新。

阿新是越南芽庄人，到胡志明市打工，他的心态特别好。他告诉我，刚到大城市时，他的月工资只有3000元。但他不嫌工资低，认为只要能锻炼自己就行。后来，他自学了中文，开始做导游带团，现在，他的月收入最低也有8000元了，有时候能超过1万元。

我问阿新："你觉得自己和身边的年轻人压力大吗？"阿新笑得很灿烂："不大啊。反正房子和车子都买不起，两个很大的压力就没有了啊。"

从阿新身上，我看到了很多越南年轻人的影子：勤奋、扎实，但也松弛、自在。

出海后，不要仰视任何国家，更不要俯视任何人。平视这个世界，我们才能看到不同。我们会发现，每个民族能存续到今天，都有值得肃然起敬的地方。

平视，肃然起敬，然后才能真心找到对方的优点，彼此融合。

在墨西哥蒙特雷的时候，我们去参观了墨西哥历史博物馆。在博物馆,我看到了一幅画,画的左边是墨西哥传统食物,画的右边则是西班牙传统食物。

16世纪,西班牙人通过大航海进入美洲大陆。他们在美洲发现了一种欧洲没有的食物——可可。在当时的墨西哥,可可被磨成粉,与水、辣椒混合,做成了一种苦涩的饮料,叫作"苦水"(xocolatl),非常难喝。但是,西班牙人没有嫌弃它,还把"苦水"带回了欧洲,然后不断试着将其和各种食物融合。他们尝试过加糖水,加香料,加各种各样的东西,使其变成一杯热巧克力。19世纪,瑞士人丹尼尔·彼得(Daniel Peter)第一次尝试融合奶粉和可可脂,一种从未有过的美味诞生了,这就是"牛奶巧克力"。

是墨西哥的可可更好,还是欧洲的奶粉更好?也许都不够好,把它们"融合"在一起才够好。

永远相信这个世界还有善意

不管出海遇到什么样的艰险,都要相信这个世界还有善意。

刚到墨西哥时,虽然向导一再提醒我们注意安全,但到墨西哥的第二天,同行的一位企业家的背包还是被偷了,里面除了财物,还有护照。看监控录像的时候,我们都很震惊,因为小偷的动作太老练了，一看就是老手。

向导告诉我们，在墨西哥丢东西是绝对找不回来的，大家都很沮丧，但也只能调整心情，当破财免灾了。

但是，这个世界还是有善意的，在墨西哥也不例外。2天后，背包被偷的企业家在脸书上收到一个女孩发来的消息，说捡到了他的包。

听到这个消息后，所有人都非常高兴。但转念一想：是不是来要钱的啊？是不是犯罪集团一鱼两吃啊？不过没事，即使要钱也没事，能拿回护照就好，这会减少很多麻烦。

没想到的是，那位女孩归还失物后怎么都不肯收钱，万般推辞后只收下了一份小礼物。后来，她还发消息给这位企业家："感谢你的礼物，其实你不需要这么客气，我很高兴。无论发生什么，你在这里结识了一位新朋友，即使这个城市并不那么友好。"这位企业家回消息说："因为你，我更加喜爱这个城市和这个国家。"

和我们聊起来这个插曲，这位企业家非常感慨，对我们说：外面的世界就是这样，有危险，有困难，但一定是好人更多。

是的，永远相信这个世界还有善意，不要因为恐惧就停下脚步。

欢迎加入中国的大航海时代

中国的大航海时代,才刚刚开始。

勤劳勇敢的中国人民,不仅走出国门,拥抱世界,更理解当地,融入当地,把自己的技术与优势扎进当地的土壤中,开出明天的花,结出后天的果。

中东如此,美国如此,墨西哥如此,日本如此,越南和印尼也是如此。

用一句话总结这种趋势,那就是从 Made in China 到 Made by Chinese,从中国制造到中国人制造。

当然,大航海时代并不意味着所有企业都应该出海,因为这只是冒险者的游戏。你可能满载而归,也可能赔尽所有。

但是,如果你觉得自己是一位冒险者,你觉得自己的心在远方,那么,欢迎加入中国的大航海时代!

最后,把这首英国诗人约翰·梅斯菲尔德(John Masefield)的诗送给你:

> 我必须再次出海,
> 向着那孤独的海域和苍穹,
> 我所求的仅是一艘高船,

> 和一颗星星指引它航行；
> 感受舵轮的震颤，风的歌谣，
> 白帆的抖动，海面上的灰蒙蒙，
> 和那破晓时分的朦胧。

祝你有自己的高船，祝你划破自己的海域，也祝你抵达自己的苍穹——在那破晓时分。

推荐阅读

关键跃升：新任管理者成事的底层逻辑

从"自己完成任务"跃升到"通过别人完成任务"，你不可不知的道理、方法和工具，一次性全部给到你

底层逻辑：看清这个世界的底牌

为你准备一整套思维框架，助你启动"开挂人生"

底层逻辑2：理解商业世界的本质

带你升维思考，看透商业的本质

进化的力量

提炼个人和企业发展的8个新机遇，帮助你疯狂进化！

进化的力量2：寻找不确定性中的确定性

抵御寒气，把确定性传递给每一个人

进化的力量3

有策略地行动，无止境地进化

进化的力量4

直击老龄化、AI、出海等六大领域的难题
在挑战中发现机遇，在逆境中实现突破

关键时刻掌握关键技能

人际沟通宝典

《纽约时报》畅销书,全球畅销500万册

书中所述方法和技巧被《福布斯》"全球企业2000强"中近一半的企业采用

部分推荐人

史蒂芬·柯维　《高效能人士的七个习惯》作者	刘润　润米咨询创始人
菲利普·津巴多　斯坦福大学心理学教授	樊登　帆书(原樊登读书)创始人

关键对话:如何高效能沟通 (原书第3版)

应对观点冲突、情绪激烈的高风险对话,得体而有尊严地表达自己,达成目标。
说得切中要点,让对方清楚地知道你的看法,是一种能力;
说得圆满得体,让对方自我反省,是一种智慧。

关键冲突:如何化人际关系危机为合作共赢 (原书第2版)

化解冲突危机,不仅使对方为自己的行为负责,还能强化彼此的关系,
成为可信赖的人。

关键影响力:创造持久行为变革的领导技能 (原书第3版)

轻松影响他人的行为,从单打独斗到齐心协力,实现工作和生活的巨大改变。

关键改变:如何实现自我蜕变

快速、彻底、持续地改变自己的行为,甚至是某些根深蒂固的恶习,
这无论是对工作还是生活都大有裨益。

彼得·德鲁克全集

序号	书名	序号	书名
1	工业人的未来 The Future of Industrial Man	22 ☆	时代变局中的管理者 The Changing World of the Executive
2	公司的概念 Concept of the Corporation	23	最后的完美世界 The Last of All Possible Worlds
3	新社会 The New Society：The Anatomy of Industrial Order	24	行善的诱惑 The Temptation to Do Good
4	管理的实践 The Practice of Management	25	创新与企业家精神 Innovation and Entrepreneurship
5	已经发生的未来 Landmarks of Tomorrow：A Report on the New "Post-Modern" World	26	管理前沿 The Frontiers of Management
6	为成果而管理 Managing for Results	27	管理新现实 The New Realities
7	卓有成效的管理者 The Effective Executive	28	非营利组织的管理 Managing the Non-Profit Organization
8 ☆	不连续的时代 The Age of Discontinuity	29	管理未来 Managing for the Future
9 ☆	面向未来的管理者 Preparing Tomorrow's Business Leaders Today	30 ☆	生态愿景 The Ecological Vision
10 ☆	技术与管理 Technology, Management and Society	31 ☆	知识社会 Post-Capitalist Society
11 ☆	人与商业 Men, Ideas, and Politics	32	巨变时代的管理 Managing in a Time of Great Change
12	管理：使命、责任、实践（实践篇）	33	德鲁克看中国与日本：德鲁克对话"日本商业圣手"中内功 Drucker on Asia
13	管理：使命、责任、实践（使命篇）	34	德鲁克论管理 Peter Drucker on the Profession of Management
14	管理：使命、责任、实践（责任篇）Management: Tasks, Responsibilities, Practices	35	21世纪的管理挑战 Management Challenges for the 21st Century
15	养老金革命 The Pension Fund Revolution	36	德鲁克管理思想精要 The Essential Drucker
16	人与绩效：德鲁克论管理精华 People and Performance	37	下一个社会的管理 Managing in the Next Society
17 ☆	认识管理 An Introductory View of Management	38	功能社会：德鲁克自选集 A Functioning Society
18	德鲁克经典管理案例解析（纪念版）Management Cases (Revised Edition)	39 ☆	德鲁克演讲实录 The Drucker Lectures
19	旁观者：管理大师德鲁克回忆录 Adventures of a Bystander	40	管理（原书修订版） Management (Revised Edition)
20	动荡时代的管理 Managing in Turbulent Times	41	卓有成效管理者的实践（纪念版）The Effective Executive in Action
21 ☆	迈向经济新纪元 Toward the Next Economics and Other Essays		注：序号有标记的书是新增引进翻译出版的作品